歴史総合パートナーズ ⑤

先住民アイヌ はどんな歴史を歩んできたか

JN208349

坂田 美奈子
Sakata Minako

SHIMIZUSHOIN

目次

はじめに：
あなたの身近にアイヌはいますか？

皆さんはアイヌという名を持つ人々が日本に暮らしていることをご存知でしょうか。北海道にもともと住んでいた人たち（先住民）だ，ということを知っている人もいるかもしれません。観光や修学旅行で北海道を訪れたことのある人の中には，白老町にある民族共生象徴空間（ウポポイ）[1]で，民族衣装をまとい，歌や踊りを披露してくれるアイヌの職員と実際に出会い，言葉を交わした人もいるかもしれません。そして，アイヌの民族衣装を着て働いているということのほかは，普通に日本語を話し，顔立ちも普通の日本人とそれほど変わらない人々である，と感じた人もいるかもしれません。でも，もしかれらが民族衣装を脱ぎ，電車の中であなたの隣に座っていたとしたら，あなたはアイヌがそこにいると気づくでしょうか。おそらく，多くの場合，気づくことはないでしょう。事実，今日5000人のアイヌが首都圏で普通の日本人として暮らしているといわれています[2]。

　現在，日本にはどのくらいの人口のアイヌが暮らしていると思いますか？実はその答えを明確に出すことができないのが現状です。19世紀前半に2万6000人だったアイヌ人口は1873年には1万6000人となり，その後，少しずつ回復していきました（高倉1972：291, 509）。近年の人口は，北海道庁の調査によると，1979年の調査以降2006年まで2万4000人前後で推移していましたが，2013年の調査で突然1万7000人に激減しています（北海道環境生活部2013：3）[3]。これを額面どおり受け取れば，7年間で3割の人口が失われたこ

※1　2020年，アイヌの歴史・文化を学び伝えるナショナルセンターとしてオープンした。国立アイヌ民族博物館，国立民族共生公園，慰霊施設からなる施設。

※2　『TOKYO人権』63, 2014。

※3　2017年の調査では1万3000人（北海道環境生活部2017：3）。

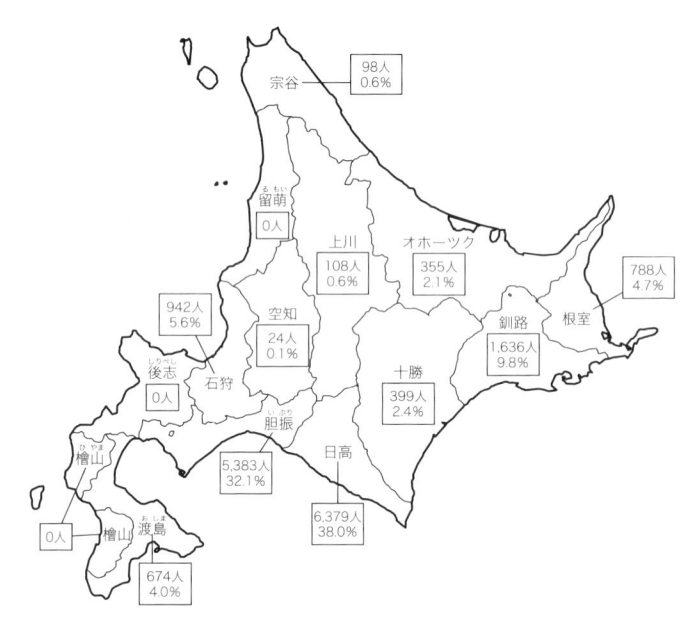

図1　北海道に住むアイヌの人数（2013年）

とになります。しかしながら，近世から明治期までの人口はもちろんのこと，2006年までの2万4000人という数も，1万7000人という最近の人口も，実は北海道に住むアイヌの総数を表しているわけではないのです。これらの数は政府や北海道が把握し得た北海道に住むアイヌの数に過ぎません。アイヌは今日，日本全国に住んでいますが，北海道の外に住むアイヌ人口については，一層把握が進んでいない状態です。今日の日本で，国内に暮らすアイヌ人口が正確に把握できていないというのは奇妙に思われるかもしれません。けれども，このような現象は世界の先住民に共通して見られる現象でもあるのです。

　2008年6月，国会でアイヌが日本列島北部周辺の先住民であることが決議されました[4]。先住民というと，皆さんは漠然と，その土地に昔から住んでいた

人々のことだと思うでしょう。それならばなぜ，つい最近になってようやくアイヌは先住民と認められることになったのでしょうか。先住民とは，漠然と「昔から」いた人々のことではなく，現在の国家との歴史的関係にかかわる問題なのです。今日，国際的に了解されている先住民の概念は，現在の国家によって父祖の土地を植民地化された者たちの子孫，というものです[5]。現在，日本政府は「先住民族とは，一地域に，歴史的に国家の統治が及ぶ前から，国家を構成する多数民族と異なる文化とアイデンティティを持つ民族として居住し，その後，その意にかかわらずこの多数民族の支配を受けながらも，なお独自の文化とアイデンティティを喪失することなく同地域に居住している民族である」としています（アイヌ政策のあり方に関する有識者懇談会2009：23）。先住民問題とは石器時代に遡る話ではなく，現在の国家の領域が確定されていくプロセスの中で生まれた問題であり，多くの場合，近代史の産物なのです。日本のアイヌの場合は明治時代に端を発する問題です。

　植民地というと，本国からは遠く隔たった異民族の暮らす土地で，政治的・経済的に支配下にある地域を指すというイメージがあると思います。そして，

※4　2019年には，アイヌが先住民族であることを明記した「アイヌの人々の誇りが尊重される社会を実現するための施策の推進に関する法律（アイヌ施策推進法）」が制定・施行された。

※5　「先住民族の権利に関する国際連合宣言」（2007年採択，日本：批准）の前文には「先住民族が，特に植民地化並びにその土地，領域及び資源のはく奪の結果として歴史的に不正に扱われてきたこと，それによって特に自己の必要と利益にしたがって発展の権利を行使することを妨げられていることを憂慮し」とある（日本語訳は北海道大学アイヌ・先住民研究センターによる）。ILO（国際労働機関）の「独立国における原住民及び種族民に関する条約」第169号（1989年採択，日本：未批准）における定義は「独立国における人民で，征服，植民又は現在の国境の確立の時に当該国又は当該国が地理的に属する地域に居住していた住民の子孫であるため原住民とみなされ，かつ，法律上の地位のいかんを問わず，自己の社会的，経済的，文化的及び政治的制度の一部又は全部を保持しているもの」。

そのような地域は第二次世界大戦後には独立を果たしたので，今や過去の問題である，というのが一般的な認識だと思います。しかしながら，たとえば，アメリカやカナダ，オーストラリアなどのように，植民地化された土地に支配民族が移住して多数派を形成した地域では，移住者がその地に国家を形成しました。もともとの住人は移住者の国家の中で今も暮らしています。それが先住民と呼ばれる人々なのです。北海道の場合には，19世紀半ばに日本に領有された後，日本本国に編入されて今日に至ります。

　世界各地で先住民となった人々は，土地を追われたり，言語文化を否定されて同化を強要されたり，生活手段を失って貧困に陥るなどの共通の経験をしてきました。中には戦争や虐殺，有形無形の差別を経験した結果，生きのびるために先住民であることを公には隠してきた人々も数多くいます（Mcmullen 2004, Axelsson and Sköld 2011, 坂田2014）。そのために先住民を抱えるどの国の政府も正確な先住民人口を把握することはできませんでした。先住民人口は，そのために常に実態よりは少なく見積もられてきた可能性があります。人口統計に存在が反映されないということは，先住民が存在しないことを意味しているのではありません。先住民にとって政府の把握を逃れることは，生きのびる手段でもあったことを忘れてはなりません。

　このような状況は近年，世界的には大きく変わってきました。多くの先住民部族を抱えるアメリカやカナダでは，統計上の先住民人口が急激に増加しています（矢口2002：212, 鎌田2009：8-10, 坂田2014：184-186）。これは先住民の出生率が急上昇したということではなく，それまで先住民であることを明かしていなかった人々が，先住民であることを公言しやすい社会になったことによる影響だといわれています。つまり先住民人口というのは，ある意味でそ

の国の社会と先住民の関係のバロメーターである，といえるのです。世界的に先住民の復権運動が高まりを見せ，2007年に国連で「先住民族の権利に関する国際連合宣言」が採択されました。日本でアイヌが先住民として承認された背景には，このような国際環境の影響がありました。

　では，日本において政府がアイヌを先住民と認めて以降，公式のアイヌ人口さえも減少している今日の状況を，私たちはどのように理解すべきでしょうか。様々な理由が考えられますが，少なくとも，日本が今日なお，アイヌにとって，アイヌであることを公言しづらい，もしくはする気にならない社会であり続けているとはいえるでしょう。その結果，日本においてアイヌは，いるのに見えない存在であり続けているのです。アイヌの見えづらさは，アイヌにまつわる多くの歴史的・現代的問題の見えづらさでもあります。アイヌの存在や，アイヌについての問題が見えづらくなっていったのには歴史的な，入り組んだ理由があります。我々に見えないから存在しない，のではなく，なぜこのような事態が起こってしまったのか，歴史を遡って紐解いていきましょう。

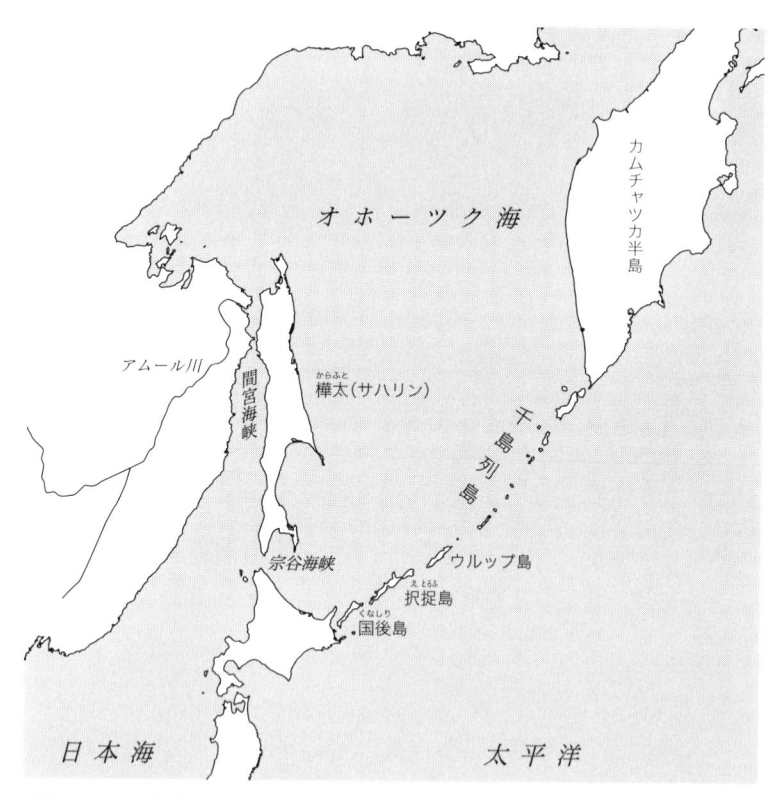

図2　アイヌ関連地図　地名は現在のもの。

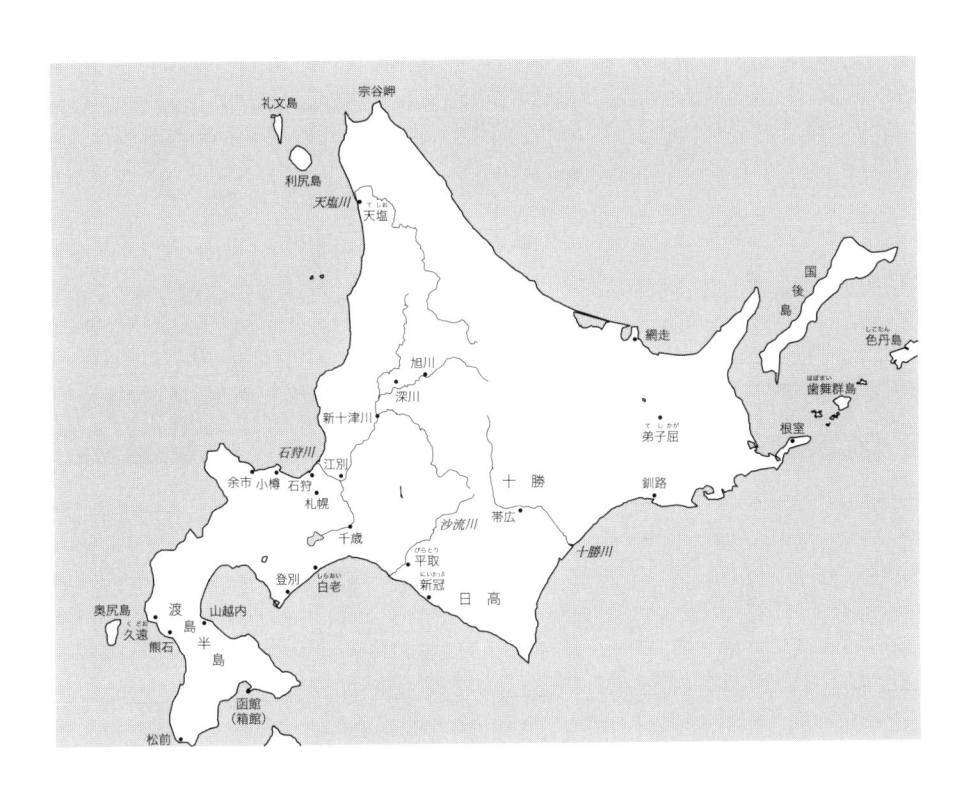

礼文島
宗谷岬
利尻島
天塩川
天塩
国後島
色丹島
網走
歯舞群島
旭川
根室
深川
新十津川
弟子屈
石狩川
江別
十勝
余市 小樽 石狩
釧路
札幌
沙流川
帯広
千歳
平取
十勝川
登別
新冠
白老
日 高
奥尻島 渡
山越内
久遠 熊石 半
島
島
函館
（箱館）
松前

1. 北海道はいつから日本領になったのだろうか

（1） 江戸幕府は蝦夷地をどう見ていたか

●

　先住民は植民地問題である，といっても，北海道は今日の日本を構成する主要な島のひとつです。しかしながら，「昔から」日本の領土だったわけではありません。北海道はいつから日本になったのでしょうか。これにはいくつかの考え方があります。ひとつめは，江戸幕府がロシア帝国の南下に備えて蝦夷地（えぞち）を「幕領化」した1799（寛政11）年，ふたつめは日露和親条約によって不完全ながらも日露国境が定められた1855（安政元）年，みっつめは明治維新政府が開拓使（たくし）を設置し，蝦夷地を北海道と改称した1869（明治2）年です。この章では，これらの節目の意味を検討していきましょう。

　近世の日本人はアイヌのことを蝦夷，アイヌの住む地域を蝦夷地と呼んでいました。蝦夷とは異民族を指す言葉です。アイヌの居住地域は，現在の本州北端部，北海道本島，サハリン南部および千島（ちしま）列島にまで広がっていましたが，当時の日本人はアイヌの居住地域のすべてを把握していたわけではありません。1644（正保元）年に作成された国絵図（くにえず）※1（正保日本図, 図3）には北海道本島，サハリン南部，千島列島からなる蝦夷諸島が記載されています。しかし，その形も大きさも実際の姿とは程遠いものでした。この地図は当時の蝦夷諸島と日本との関係におけるふたつの側面を如実（にょじつ）に表しています。まず，17世紀半ばの日本地図に極めて不正確とはいえ蝦夷諸島が掲載されたことは，日本の政治権力が蝦夷諸島を日本の支配地域であると認識していたことを表しています（藤田

※1　幕府が国ごとにつくってまとめた日本全国図。

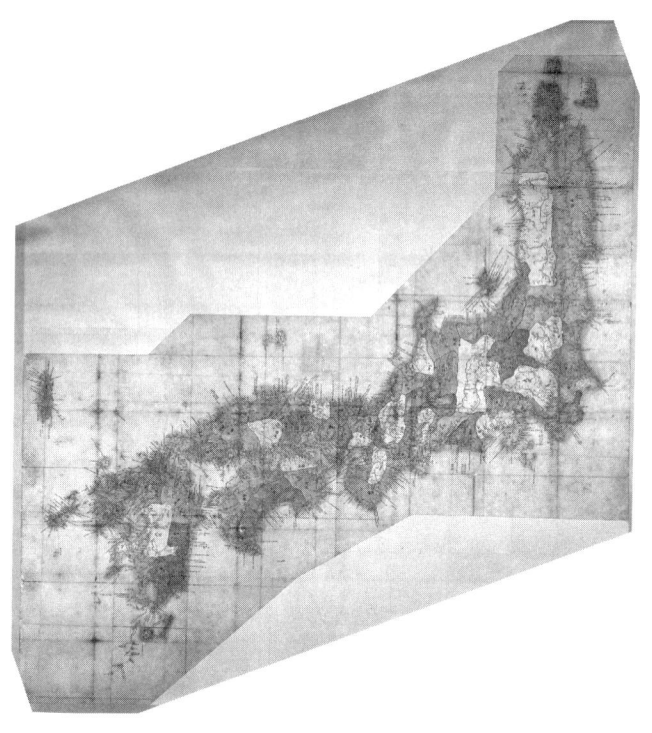

図3　正保日本図（1644年）

2005：184）。一方，当時の日本の内部に関する地理情報に比べ，蝦夷地の地図は著しく不正確です。つまり当時の日本人の蝦夷地に関する知識は極めて貧弱だったのです。正保日本図は当時日本を構成した諸藩が幕府に提出した地図を組み合わせてつくられました。蝦夷諸島が記載されたのは松前藩（まつまえ）が蝦夷諸島を松前藩の領分として描いたためでした。松前藩は現在の北海道渡島（おしま）半島の南端にあり，同時に当時は日本最北端の地域でもありました。正保日本図における蝦夷地情報の不正確さは，当時の松前藩と蝦夷地との関係を示唆（しさ）しています。松前藩はアイヌに対する支配者意識を持つ反面，蝦夷地についてそれほどよく知っていたわけではない，という事実です。

松前藩と蝦夷地との関係は，蝦夷地の住人であるアイヌとの交易を介したものでした。外国との関係が極めて限定的に管理された状態にあった近世日本において，松前藩は日本の外部との接触を許された数少ない藩のひとつで，アイヌとの交易を独占的に任されていました。松前藩と交易関係にあったのは主に蝦夷地（現在の北海道本島）のアイヌでした。カラフト（現在のサハリン）南部に住んでいたアイヌは1790（寛政2）年に松前藩がカラフト南端のシラヌシに交易所を開設するまでは，北海道本島の北端にあるソウヤへ渡って日本人と交易を行っていました。東の千島列島に関しては，1750年代にクナシリに交易所が設置され（菊池1999：26），1800（寛政12）年にはエトロフに交易所が開設されました。日本人と直接に交易していたのはエトロフ以南のアイヌで，北千島のアイヌは日本人との直接的な交易関係はなく，エトロフ・アイヌを介して日本製品を手に入れていました。北千島アイヌは，18世紀にロシア人が千

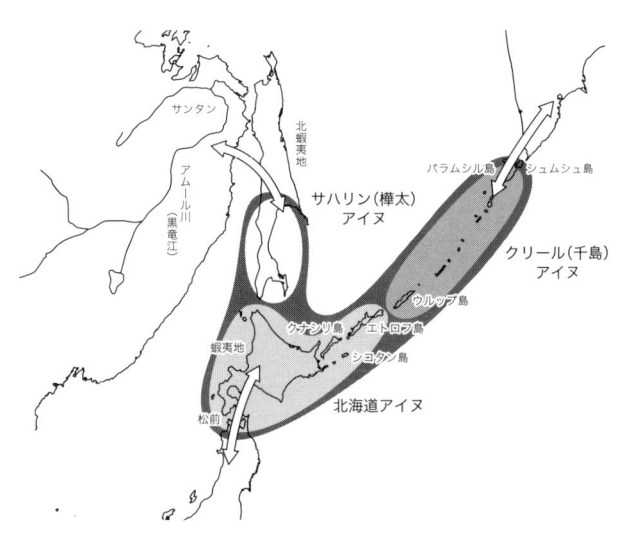

図4　19世紀前後のアイヌ・モシリ

島列島に南下すると，ロシアが課していたヤサーク（毛皮税）の貢納民となっていきます。正保日本図はアイヌの居住地域を示していますが，すべての地域のアイヌが松前藩と直接交易していたわけではなく，そこに描かれた地域の主が松前藩であることをただちに示すものではありません。

　幕府が蝦夷地に関心を持つようになったのは，18世紀後半，ロシア人の南下が意識されるようになって以来のことです。1771（明和8）年にベニョフスキー[2]という，ロシア政府によってカムチャツカに流刑となっていたハンガリー人が仲間とともに船を盗んで脱走しました。かれらはヨーロッパへ帰る途中に日本の沿岸を通り，ロシアが日本侵略を計画しているという内容の手紙を長崎のオランダ商館長に送りました。このニュースは瞬く間に日本中に知れ渡り，日本人がロシアという国をはじめて意識するきっかけとなり，ロシア研究がブームとなりました（生田2008：10-12）。

　ベニョフスキーの警告はまもなく根拠のない流言であることが明らかになりましたが，ロシア人が当時高価な交易品であったラッコの毛皮を求めてカムチャツカ半島から千島列島を伝って南下し，蝦夷地へ接近していたのは確かな事実でした。1760年代後半には千島列島の南部，ウルップ島へ到達し，1770〜71（明和7〜8）年にはエトロフ・アイヌと衝突事件を起こした後，交易関係に入っていました。1778（安永7）年にはクナシリ・アイヌの案内で根室へ上陸し，松前藩士に日本との交易を求めます（秋月2014：61-69）。このようにロシア人が現実に蝦夷地近海へ出没していた事実は，仙台藩（現在の岩手県南部から宮城県にまたがる地域）の医師，工藤平助[3]の『赤蝦夷風説考』（1781年）によって世に知られるようになりました。ロシアの登場によって蝦夷地問題は，幕府の中心的な政策課題のひとつとなり，国防問題の焦点となっていきました。

ロシア情報とともに西洋の植民地拡大についても知られるようになりました。西洋に関する知識に基づき，とりわけ積極的な蝦夷地政策を主張したのは経世家[4]の本多利明[5]でした。彼によると，蝦夷地のみならずカムチャツカ半島に至るまで，もともとは日本の支配下にあったのだが，18世紀前半以降，カムチャツカはロシアの支配下に入ってしまったといいます。ゆえに，これ以上のロシアによる領土拡張を防ぐためには，蝦夷地への日本人の入植，資源開発，アイヌの同化政策を内容とする蝦夷地開発が急務であると，本多は主張しました。彼は，ロシアのみならずイギリスなど西洋の大国が競って属国（植民地）を増やすことによって富強の国になったという認識に基づき，同じ方法で蝦夷地を領有することを主張したのでした（Sakata2018）。幕閣に人脈を持っていた利明はその弟子，最上徳内[6]を1785～86（天明5～6）年の幕府の蝦夷地調査に送り込みました。徳内はそれ以降も幕府の蝦夷地調査に深く携わっていき

[2]　Móric Aladár Benyovszky, 1746～86年，ハンガリー生まれ。ポーランドでロシアに対する武装蜂起に参加して捕虜となり，流罪となってカムチャツカへ送られる。カムチャツカ脱出後はフランス政府に雇われ，マダガスカルの植民地建設に着手するが，フランス政府と不仲となり，フランス軍と交戦して戦死した。

[3]　1734（享保19）～1801（寛政12）年，紀州藩医の子として江戸に生まれる。13歳のとき仙台藩医工藤丈庵の養子となり，1755（宝暦5）年，家督を継いで藩医となる。前野良沢など蘭学者との交流から海外事情を学んだ。

[4]　近世において政治経済上の問題や社会問題などを指摘し，その具体策を提起した（経世済民の論）知識人のこと。

[5]　1743（寛保3）～1821（文政3）年，出身地は越後蒲原郡（現在の新潟県）と推定されているが，正確には不明。18歳で江戸へ出，24歳のとき，算学・天文の私塾を開く。蝦夷地問題や農村の窮乏対策などについて多くの著作を残した。

[6]　1755（宝暦5）～1836（天保7）年，出羽国村山郡（現在の山形県村山市）の農民の家に生まれ，1781（天明元）年，江戸へ出る。本多利明の塾に学び，利明の推薦により，1785年，幕府の蝦夷地調査隊に加わり，以降，数度にわたり幕府の蝦夷地調査に携わった。

ます。

　当時，多くの日本人にとって蝦夷地は日本の外部にあり，その住人であるアイヌは異民族でした（菊池1984：5-6, 2013：103）。ロシアの接近とそれへの警戒が高まる中で，蝦夷地はもともと日本領であったという信念に基づき，国土防衛のために蝦夷地開発が急務であるという主張が突然現れたのです。この議論は松前藩のアイヌおよび蝦夷地に対する支配者意識を発展させたものでした。松前藩のアイヌに対する支配者意識の根拠は，アイヌとの交易関係でした。また，1780年代の時点では，松前藩の交易拠点はクナシリ島が最東端で，エトロフから東とカラフトには進出していませんでした。カムチャツカまでが日本の支配下にあったという利明の認識の根拠は，エトロフ・アイヌを仲介として北千島アイヌやカムチャツカ半島先住民が日本製品の交易を行っていたことにあったと考えられます（菊池2013：104-105）。実際には松前藩が関与していなかった千島列島からカムチャツカ半島に至るアイヌの交易圏も，「アイヌは日本の支配下にある」という認識の下に日本の支配圏と考えたのでした。

　ところで，アイヌが異民族と認識されながら「日本の支配下」にあるとはどういうことでしょうか。近世日本人は，華夷秩序という今日の日本人とは大きく異なる世界観の中に生きていました。それは中国由来の世界観で，世界の中心に文明国（中華）があり，その周囲を野蛮国・野蛮民族（夷）が取り巻いている，という考え方です。野蛮国・野蛮民族は中華に臣下として仕えることによって優れた商品などを手に入れ，その恩恵を受けることができます。この関係は朝貢・冊封関係と呼ばれ，中華への服属を示す儀礼を伴った交易の形で行われました（茂木1997）。今日の対等な独立国家からなる主権国家体制と異なり，華夷秩序においては国家の間に君臨・従属の関係が存在すると想定されて

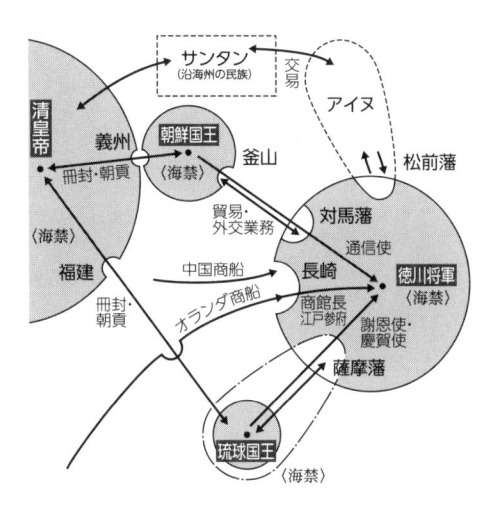

図5　近世日本と東アジアの国際関係（模式図）

いたのです。

　このような世界観は近世日本の外交体制にも適用されていました。当時，日本の外国への窓口は薩摩，対馬，松前，長崎の4ヶ所に限られており，薩摩は琉球王国，対馬は朝鮮，松前はアイヌ，長崎はオランダ，中国，およびその他すべて，というように窓口ごとに相手が決まっていました。このうち外交関係があったのは朝鮮と琉球で，幕府は朝鮮，琉球から日本への外交使節の派遣を朝貢とみなしていました。では，アイヌとの関係はどのように位置づけられたのでしょうか。松前藩とアイヌとの関係は，原則的には交易関係でしたが，それには日本の交易船が蝦夷地各地に派遣されて行われる交易と，アイヌの首長たちが松前城下に渡来して行う交易の2種類があり，後者は松前藩主への謁見（あいさつ）を伴う儀礼交易でした。アイヌは国家をつくりませんでしたが，松前藩と各地のアイヌ首長層との間には儀礼交易である御目見（ウイマム）が行われていま

図6　ウイマム

した。アイヌが直接江戸まで行くことはありませんでしたが，松前藩主との間には公式な関係があり，松前藩はアイヌが服属していると考えていました。

　ところで，先ほど説明した華夷秩序には，中国から見た世界観の裏側があります。たとえば朝鮮やベトナムは中国の臣下になりながら，自らを中心とする「小中華」の世界も形成しました。琉球王国は中国に朝貢しながら日本にも朝貢を行っていました（二重朝貢）。自らが唯一の世界の中心と考える中国にとっては，複数の小中華の存在や二重朝貢はあってはならない現象のはずです。周辺諸国は一方で中国の世界観を補完しつつ，一方ではそれと矛盾^{むじゅん}するそれぞれの世界秩序を形成していたということになります。この時代の東アジアにおいては，朝貢の形式さえ重んじられていれば，相手側の真意が問われることはありませんでした（茂木1997，渡辺2012）。複数の互いに矛盾する世界観の併存^{へいぞん}を許す朝貢・冊封体制のこの側面が，東アジア世界秩序の長期的な安定をもたらしたといえます。

　日本を中心に見た華夷観念ではどうだったでしょうか。日本から見れば朝鮮，琉球，アイヌはいずれも日本に服従する異国・異民族です。しかし，朝鮮が国書

において徳川将軍の称号として使用した「大君」は，朝鮮においては王子（臣下）に与える称号でした。また幕府は直接朝鮮に使節を送ることはありませんでしたが，朝鮮外交の窓口になっていた対馬宗氏は定期的に朝鮮への朝貢儀礼を行っていました（三谷2017：40-41）。つまり朝鮮の側は自らが上位にあると認識していたということになります。琉球は日本側が上位にあると認識していましたが，中国にも朝貢している琉球にとって，日本は唯一の主人ではありませんでした。アイヌから見た松前との関係はどうだったでしょうか。松前藩が御目見と呼んだ儀礼交易は，アイヌ語ではウイマムと呼ばれます。松前藩にとって，御目見はアイヌ首長たちの松前藩への服属を意味していましたが，アイヌ語のウイマムは，アイヌ首長と松前藩主の対等な交易関係を意味し，交易関係の成立は友好関係の成立を意味しました（坂田2017）。松前藩とアイヌの関係は，当時のほかの外交関係と同様，当事者間の認識の非対称性に基づいていたといえます。つまりアイヌが日本の支配下にある，という認識はあくまで日本人の自意識において，という条件つきで考える必要があるのです。

（2）　蝦夷地の「幕領化」とは何か

●

　ロシアの南下への警戒は，アイヌの活動範囲である蝦夷諸島はもともと日本の属島であるというイデオロギーとともに，数多くの蝦夷地開発論を生み出しました（高倉1995［1936］）。これらの議論は，蝦夷諸島への関心が，アイヌという人々よりも直接土地・資源へ結びついているという点で，従来の松前藩－アイヌ関係とは異なる原理に基礎づけられていたといえます。それは属人的支配（人を対象とする支配）に基礎をおく近世東アジア的世界観から領土支配に基づく近代的国家観へのシフトを予感させる点で注目に値します。

　近代世界では，西洋で生まれた「主権国家」という考え方が秩序の基本となりました。それは，一本の国境線で区切られた領土と，領土内に居住する人々を，唯一の政治権力が統治するという形の国家です。領土内の土地と人民をひとつの政府が支配する国家です。この主権国家の体制においては，国家間の関係は対等であることが原則で，華夷秩序におけるような国家の間の支配・従属関係は認められません。主権国家の支配権はその領土内に限られるのです。一方，主権国家が世界秩序の単位となったヨーロッパは，ほぼ同時に世界を股にかけて植民地を拡大していきました。ヨーロッパの本国は面積でも人口でも比較的に小さな国家でしたが，世界各地に植民地をおいて，本国に資源やプランテーションでつくった農産物を提供させ，本国からは工業製品を輸出する消費市場としていきました。本国と植民地からなる領土が主権国家の支配地域ということになります。

　植民地の建設は異なる国や民族を支配下におくことを伴うので，植民地支配

イコール異民族支配ととらえられがちですが，植民地の主眼は人ではなく領土の支配にあります。日本がロシアの動向を意識し始めた18世紀後半，西洋で新しい領土の領有権を主張するには，発見や標柱を立てるなどの行為のみでは不十分となり，自国民の定住や土地・資源の有効活用が決定的な条件となっていました（太寿堂1998）。つまり植民地建設の必要条件は自国民の定住（入植）でした。日本と蝦夷地の関係も同様でした。日本人がはじめて蝦夷地政策を国防問題として意識し始めた時期，多く論じられたのはアイヌ統治のための諸政策だけではなく，日本人の蝦夷地への入植・定住や資源開発の必要性でした。天明期（1781〜89年）以来幕府調査に参加し，本多利明の弟子でもあった最上徳内は著書『蝦夷草紙』（1790年）で，出会ったロシア人がウルップ島は日本の統治が行き届いていない主のいない島であると述べ，したがって日本の属島とはいえず，この島を開いた者，つまり自分たちが島の主であると主張したと述べています[7]。徳内はロシア人を通して，当時の西洋における植民地獲得の原理に触れたのです。しかし以下に述べるとおり，幕府が実際に18世紀末から19世紀初頭にかけて行った政策は，アイヌの服属を主眼とした内容で，思想上で起きた転換に比べると，極めて保守的で穏健なものであったといえます。

　田沼意次[8]が政権をとった時期から松平定信[9]の寛政改革の後にかけて，幕府は何回か蝦夷地の調査を行い，1799年，東蝦夷地の直轄支配を始めます。

※7　大友喜作編『北門叢書』1，国書刊行会，1972年，392頁。

※8　1719（享保4）〜1788（天明8）年，江戸時代中期の幕臣。1772（安永元）〜1786（天明6）年，老中就任。

※9　1758（宝暦8）〜1829（文政12）年，江戸時代後期の将軍補佐兼老中。白河藩（現在の福島県白河市）藩主。1787（天明7）〜1793（寛政5）年，老中就任。寛政の改革を行った。

1807（文化4）年には松前藩を奥州梁川（現在の福島県伊達市）へ転封した上で西蝦夷地も幕領にします。1821（文政4）年に再び蝦夷地への対応を松前藩へ戻すまでのこの時期は「第一次幕領期」と呼ばれています。この章の冒頭で指摘したように，この時期をもって，蝦夷地は日本の一部となったと考える研究者もいます（菊池2013：28）。しかしながら，イデオロギーと実際の政策の意義とは慎重に分けて考える必要があります。そのためには日本領になったか否か，日本の内か外か，という二者択一的な問いではなく，幕領期以前には日本に服属する外国とみなされていた蝦夷地が，幕領期になって日本から見てどんな性質の土地となったのかを明確にする必要があります。その上で，おのずと第一次幕領期における蝦夷地の位置づけを判定することができるでしょう。その結果，そもそも「幕領化」という言葉は適切なのか，という問題も浮上してくるはずです。

　1799年，幕府は東蝦夷地の仮上知を行います。「上知」とは，幕府が大名などの領地を直接の支配下におくことですが，仮上知としたのは，幕府による直接経営を試験的に行うためでした。これに先立つ1798（寛政10）年，幕府は近藤重蔵[10]らに蝦夷地調査を行わせていましたが，その結果に基づいて定められた蝦夷地政策は，当初は蝦夷地を将来日本領にすること（当時これを「開国」と呼びました）を視野に入れ，まずはアイヌの服従を図ることに重点をおく，というものでした。幕府が掲げた蝦夷地政策のメニューには，アイヌとの公正な交易やアイヌ風俗の和風化（改俗）などからなる対アイヌ政策のほか，和人[11]の漁民による蝦夷地への出稼ぎの自由化，林業・養蚕などの産業振興，道路・航路などの整備などが含まれ[12]，蝦夷地そのものを日本化していこうという姿勢が現れています。東蝦夷地を幕領化した頃の政策立案者たちの発想は，

西洋の帝国主義[13]について敏感な反応を見せていた本多利明の考え方に非常に近いものがあり，資源開発，日本人の移住，現地人の同化など，西洋諸国の植民地獲得方式にならってロシアと対抗しようという傾向が見て取れます。しかし，当時このような考え方が幅広い理解を得たとはいえず，数年後の1802（享和2）年には，蝦夷地政策の方針は非開発・非改俗という消極的な方向に転換されます（藤田2005：179-180）。次には，その結果，実際に行われた政策の検討を通して，第一次幕領期の意義を考えていきましょう。

① 箱館奉行の設置（1802年）

幕府は1802年，開発・改俗方針を転換すると同時に蝦夷地に箱館奉行を設置します。1807年に，西蝦夷地を含む蝦夷地の全土が幕領化されると松前奉行と改称されます。これは遠国奉行である長崎奉行にならって設置されたものです（菊池1984：21，高倉1972：145）。いうまでもなく，長崎奉行は外国との関係を担当する役所ですから，箱館奉行の設置は蝦夷地が日本の外部に位置づけられていることを意味します。

② 対アイヌ政策

アイヌとの関係は，この時期の蝦夷地政策の主眼でした。第一に公正な交易

※10 1771（明和8）〜1829（文政12），江戸時代の幕臣。1798年幕府の蝦夷地巡察に参加，最上徳内らとともにエトロフ島に渡り「大日本恵登呂府」の標柱を立てた。以降，1807年まで幕府の蝦夷地調査・経営に携わった。

※11 アイヌに対し日本人を指す呼称。18世紀後半から用いられ始め，第一次幕領期以降，幕府の公務文書での使用をはじめ，広く普及した（菊池2013：第5章）。

※12 「休明光記附録巻之一」，北海道庁編・発行『新撰北海道史』5，1936年，551〜559頁。

※13 他国や異民族を支配下におき，自国の領土や権益を拡大しようとする膨張主義的政策のこと。具体的には自国民を移住させる移住植民地建設，現地政府や官僚組織を支配下におく属領統治などの形をとる。いずれの場合も，本国以外の領土は広義の植民地と呼ばれる。

によって，アイヌの離反を防ぎ，第二にアイヌ首長層の幕府への服属を図るため，かれらが箱館・松前に出向いて幕吏に謁見する御目見という儀礼が制度化されました。この御目見は松前藩が行っていたものを引き継いだもので，日本側にとっては東アジアに共通する朝貢儀礼に準ずるものでした。交易関係の維持と御目見の実施は，アイヌが日本の外にあり，華夷秩序的な世界観に基づいて日本に服属する異民族と位置づけられたことを示します。

　当初は，日本語の使用・風俗の和風化を奨励し，次第にアイヌの日本人への同化を図る計画でしたが，これはアイヌの間で極めて不評であった上に，幕府内でも批判的意見が多く，蝦夷地の最東端にあるエトロフを除いて早々に放棄されました。そもそもアイヌを日本に服属させるために，なぜアイヌの風俗を日本化する必要があるのか，華夷秩序的世界に生きる当時の多くの日本人にとっては説得的ではありませんでした（藤田2005：173-177）。エトロフでアイヌ風俗の和風化が積極的に行われたのは，この地がロシアと境を接していたためであったといわれています（高倉1972：187）。当時すでにロシアの影響下にあった北千島アイヌがロシア風の服装をしていたことに刺激されたのではないか，という見解もあります（菊池2013：378）。

③　勤番制

　蝦夷地沿岸には沿岸警備の拠点である勤番所が点々と設けられました。蝦夷地警衛にあたったのは南部藩（現在の岩手県中部から青森県東部），津軽藩（現在の青森県西部）で，これも長崎における黒田藩（現在の福岡県），鍋島藩（現在の佐賀県）による警衛体制に準じたものでした（菊池1984：104, 浅倉1999：124）。1806〜07（文化3〜4）年にカラフトやエトロフでロシア人の襲撃事件が発生すると，これに仙台藩，会津藩（現在の福島県，新潟県，栃木県

にまたがる地域）などその他の東北諸藩が加わることになりました。この軍役は負担が重く，対露関係の緊張が緩和され始めると，1815（文化12）年，津軽・南部は蝦夷地警衛から撤退します。その後は，アイヌと和人漁夫（ぎょふ）を組み込んだ警備体制に切り替えられました（松本2006：79）。

④　国境の管理

　第一次幕領期における蝦夷地の位置づけを考える上で，この時期の国境管理がどこでどのように行われていたかは最も重要です。まず，千島列島方面に関して，1800年にエトロフ場所（ばしょ）（アイヌとの交易拠点）が設置されます。エトロフのアイヌは北千島のアイヌと長年交易関係にありましたが，北千島アイヌは18世紀にロシアのヤサーク貢納民となり，日本人よりもロシア人との関係が強かったため，北千島アイヌのエトロフへの来航は禁止されました（菊池1999：137）。エトロフが日本の警衛すべき蝦夷地の最東端となったのです。

　カラフトおよびその対岸のアムール川下流域は，清朝（しんちょう）との朝貢交易（サンタン交易[14]）に携わる諸民族が暮らしており，カラフト南部に暮らすカラフト・アイヌもその一員でした。かれらの中にはサンタン交易に携わる一方で，ソウヤに渡って日本人とも交易を行う者もありました。松前藩は1790年にカラフト南端のシラヌシに交易所を設置しました。1807年に西蝦夷地が幕領化されると，カラフト南端部も幕領となりました。1809（文化6）年にはカラフトは北蝦夷地と改称され，カラフト・アイヌも松前奉行への御目見を義務づけられましたが，実際には日本の影響力は南端部の漁場周辺にとどまりました。千島列島と異なり，幕府がサンタン交易を禁止することはありませんでしたが，幕府

※14　18〜19世紀，アムール川下流域からサハリンにかけての地域で行われた交易。

がカラフト・アイヌとサンタン人[※15]との交易を仲介し，両者が直接に取引を行わないような仕組みをつくりました。大陸との関係が維持されたカラフトでは，明確な国境が引かれることはありませんでした（秋月1994：47-50）。

　以上のように，幕府の国境管理は千島列島方面とカラフト方面で異なる形で行われました。千島列島ではエトロフ島とウルップ島以北との往来を禁止して，事実上の国境を引き，カラフトでは国境は引かず，幕府が介入する形で諸民族の往来と交易を維持しました。このように，曖昧(あいまい)さを残しつつも，エトロフ以西，カラフト南端以南は幕府の支配圏に組み入れられたかに見えます。しかし，注意すべきことに，日本と蝦夷地の間にも国境があったのです。

　幕領化以前の松前藩と蝦夷地の間には当時の日本で唯一の陸上の国境がありました（バートン2000：46-48）。松前藩の支配する土地は松前地と呼ばれ，和人が出入りできる唯一の地でしたが，16世紀以降，その範囲は徐々に拡大していき，第一次幕領期には東は熊石(くまいし)，西は山越内(やまこしない)までが和人地となり，1807年に東の国境は久遠(くどぉ)まで広がりました（海保・田港1976：274）。蝦夷地と和人地との境界には関所があり，往来を制限していました。1805（文化2）年に幕府が立てた高札(こうさつ)には，商人・商船などが私(わたくし)に蝦夷地に入ることを禁じる項目があり[※16]，幕領期においても蝦夷地は日本人が自由に渡航することのできない外国であり続けました。第一次幕領期に，幕府は日本の北の境界と，蝦夷地とその外部との境界という二重の境界を管理していたといえます。

　さて，以上のような幕領期の政策をどう評価すべきでしょうか。この時期をもって蝦夷地は「内国化」されたとしばしばいわれます（榎森2007：306，菊池2013：28）。この「内国化」という言葉は北海道史でしばしば用いられる用

語ですが，概念としては極めて曖昧です。この言葉は，蝦夷地が日本の領域に組み込まれたという見解を示しているようですが，日本本土の一部として組み込まれたのか，植民地（従属的地域）として領有されたのか，日本と蝦夷地の関係を厳密には表していません。第一次幕領期におけるアイヌ同化策を指して，この時代の政策が蝦夷地植民地化の最初の試みであったという意見もあります（岩﨑2015：61）。確かに東蝦夷地幕領化当初に掲げられた諸政策には，日本人の移住，資源開発，アイヌの同化といった項目が含まれており，これが実施されていれば，この時期をもって蝦夷地は植民地化されたということができます。しかしながら，実際に行われたのは，アイヌとの交易，御目見，勤番の配置，簡略な法律の施行であって，アイヌに対する同化政策は国境地域であるエトロフを除いて行われませんでしたし，蝦夷地と日本の間の人の往来は自由化されませんでした。蝦夷地は外国のまま温存されたのです。いうなれば，幕府は蝦夷地と日本との華夷秩序的な関係を整備・強化し，その体制をロシアの脅威から守ろうとしたのだといえます。つまり幕府が防衛したのは日本型の華夷秩序世界であった，といえます。

（3）　蝦夷地でのアイヌと和人の関係はどんなものだったのか

●

　近代以前のアイヌと日本人との関係を考える際には，政治的関係だけでなく，

※15　サンタン交易を担っていた人々。現在のアムール川下流域に暮らすウリチという民族の先祖といわれる（佐々木1996：12）。

※16　「休明光記（巻之五）」，北海道庁編・発行『新撰北海道史』5，1936年，432頁。

経済的関係についても考える必要があります。アイヌの生活に，より大きな影響を与えたのは，むしろ経済的な関係の方でした。

　アイヌと和人との経済的な関係には交易だけでなく，商業的な漁業を介した関係がありました。18世紀前半以降，松前藩から許可を受けた商人たちが，松前藩士の蝦夷地での対アイヌ交易を代行するようになります。さらにアイヌが自ら生産した産物を交易するだけでなく，アイヌを漁業労働者として使役し，日本向けの海産物を直接生産するようになりました。このようなシステムを場所請負制といいます。従来 商 場と呼ばれていた蝦夷地における松前藩とアイヌとの交易場所は，漁業経営の場を兼ねるようになり，「場所」と呼ばれるようになります。場所を請け負った商人は，場所経営を取り仕切る支配人や現場の労働監督である番人などの出稼ぎ和人を蝦夷地内の諸場所に派遣し，現地のアイヌを労働者として雇用しました。蝦夷地は「外国」であり日本人が自由に渡航できないためアイヌが労働力となったのです。

　蝦夷地問題が幕府の関心事となっていた18世紀後半，1789（寛政元）年に場所請負制の矛盾を背景にアイヌによる和人襲撃事件が発生します。この事件はクナシリ・メナシの戦いと呼ばれています。クナシリ・メナシ地方（クナシリ島および蝦夷地本島にあるその対岸）では，出稼ぎ和人によるアイヌの漁場労働への高圧的な動員が行われ，アイヌの殺害やアイヌ女性への暴行なども多発しました。アイヌ側は当初話し合いによる解決を求めましたが，和人側は応じず，結果としてアイヌ130名が蜂起し，松前藩士1名を含む和人71名が殺害されました。現地のアイヌ首長層の協力により蜂起は短期間で収束しましたが，松前藩によって和人殺害に直接かかわったアイヌ37名が処刑されました。

　この事件は，蝦夷地におけるアイヌの罪に日本の刑が適用されたという点で，

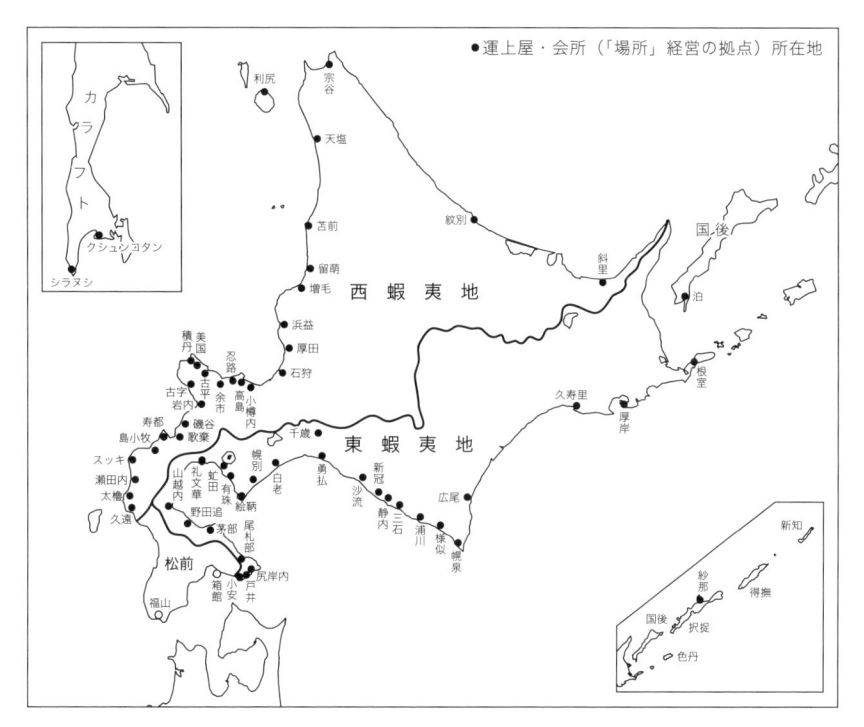

図7 「場所」の一覧　東西蝦夷地・松前地の境界は1784（天明4）年頃，場所はその後の分も含む。

従来の慣例にない出来事でした。当時日本で百姓が一揆を起こした場合にはより過酷な刑に処されていたことを考えれば，蜂起アイヌに対する刑にはアイヌ社会への一定の配慮がみられるという見解もあります（関口ほか2015：100）。とはいえ，蝦夷地は日本ではなく，それ以前のアイヌ―和人関係において蝦夷地でアイヌが罪を犯した場合，アイヌの慣例で処罰を行うことが当然であったこと，またアイヌ社会には死をもって罪を償うという考え方も死罪という刑罰も存在しなかったことを考えれば，蜂起の原因のみならず，この事件の結末も，アイヌ社会にとっては過酷なものであったといわざるを得ません。

図8　オムシャ

　和人経営によるアイヌを労働力とした商業的漁業は，これ以降，ますます盛んになります。1799年からの東蝦夷地幕領期には，アイヌの服属を促すために，幕府は東蝦夷地で場所請負制を廃止し，幕府がアイヌとの取引を直接管理しますが，1812（文化9）年には経済的理由から場所請負制を復活させます。他方，西蝦夷地においては場所請負制が廃止されることはありませんでした。クナシリ・メナシの戦いの原因となった和人によるアイヌへの虐待や酷使，女性に対する性的暴力といった問題は，場所請負制が明治初頭に廃止されるまで解消されることはありませんでした。

　場所請負制によって，多くのアイヌが漁業労働者として過酷な環境におかれたことは確かです。アイヌの漁業労働者化をもって，制度的には外国であった蝦夷地は実質的には松前藩領化していた，という見方もあります（菊池1984：96）。しかしながら，現在に伝わるアイヌの伝統文化が花開いたのは，実は和人との経済的関係でいえば場所請負制の全盛期にあたる18世紀後半から19世紀

にかけての時期であるともいわれています（佐々木1990，秋野2006）。これはどういうことなのでしょうか。

　蝦夷地の諸場所では，様々な年中行事が行われていました。その中で規模が大きく重要な儀礼に，和人が主催するオムシャ，アイヌが主催するクマ送り（イオマンテ）がありました。オムシャは，先に見た御目見（ウイマム）に似た儀礼で，御目見が松前や箱館で行われたのに対し，蝦夷地で行われました。イオマンテはアイヌの信仰儀礼ですが，近世においては，幕吏，松前藩士，蝦夷地勤番の東北諸藩士，場所支配人，通詞（通訳），番人など和人も招かれました。オムシャが和人主催のイベントであるとすれば，イオマンテはアイヌ主催のイベントということになります。近世を通じてイオマンテは盛大化の傾向を示し，この儀礼を主催するアイヌ首長層の経済力を誇示する場ともなりました（秋野2006）。

　場所請負制下のアイヌと和人の関係をどのようにとらえたらよいでしょうか。これはとても難しく複雑な問題です。アイヌにとって，和人とのあらゆる関係が圧迫や不利益に結びついているのではありませんでした。アイヌが語り継いだ口承文学[17]には，和人との交易が，アイヌにとってよい品を手に入れる機会であっただけでなく，和人もまたアイヌの品物を購入するために，アイヌの村にやってくるのだ，と語られます[18]。蝦夷地諸場所における漁業について

※17　アイヌ口承文学は明治期以前に文字を使用しなかったアイヌ文化において，近代以前のアイヌの考え方，価値観をアイヌ語によって伝える貴重な資料である。アイヌ社会において，これらは単なる文学ではなく，信仰に関する知識，生活上のルール，過去の出来事（アイヌにとっての歴史）などを伝えるメディアであった。

※18　金成モナシノウク口伝，金成マツ筆録（1941）「iwan yamanko（六人の杣夫）」知里ノート（25），北海道立図書館蔵。

図9 イオマンテ

は、厳しい内容が多いことは確かです。暴力を振るわれながら漁場で働かされるアイヌの話や（志賀2003, 坂田2011：146-156）、和人男性に暴力を振るわれ許婚を殺害される女性の話もあります[19]。一方で、漁場でのし上がり、名高い首長となった青年の物語もあります（坂田2011：157-171）。いえることは、和人とアイヌの接触の場である蝦夷地の諸場所は緊張に満ちた場であったということです。そのような環境下において、アイヌは和人との難しい関係を管理しつつ、独自の文化を維持・発展させていったのです。アイヌ文化は、和人との緊張に満ちた関係の中で築き上げられた歴史の結晶です。アイヌ文化が隆盛したのだから近世における和人の圧迫や暴力はそれほど深刻ではなかった、などとはいえません。むしろ、そのような状況下で独自の世界観、価値、社会を築き、維持してきたからこそ、アイヌにとって文化が重みを持つようになったのです。

　アイヌにとって和人との関係に利益と同様，不利益も多かったのならば，な
ぜやっかいな隣人である和人との関係を拒むという選択をしなかったのでしょ
うか。従来は，アイヌが日本の政治権力や経済に従属させられていたためと説
明されてきました。このような見方は，アイヌは和人よりも弱く劣っていると
いう認識を前提としています。しかしながら，アイヌの口承文学には別の考え
方のヒントが隠されています。

　アイヌ口承文学の世界には数多くの神々が登場します。火の神，水の神，クマ
の神，シマフクロウの神，キツネの神，カラスの神などアイヌの生活を取り巻く
自然環境が神々と認識されているのです。これらの神々は，自然の中でそれぞ
れの役割を担っている一方で，中には人間に危害を加えるものもあります。た

※19 金成マツ口伝・筆録「sirun wen sisam」知里ノート（27），北海道立図書館蔵。

とえば，クマ神はアイヌの世界観では山の神であり，重要な神のひとつですが，クマの中には人を殺してしまうものもいます。その場合，すべてのクマを敵視して自然界から追放すれば人間に平和が訪れるかといえば違います。クマにはクマの役割があるので，クマがいなくなれば人間にとってもよいことはありません。したがって，悪事をはたらいたクマが罰せられればそれでよいのです。

　アイヌの口承文学の世界には和人もしばしば登場します。和人は極めて古くからのアイヌの隣人で，和人の中にはよい者も悪い者もあります。悪事をはたらく和人がいても，和人全般が悪とみなされることも，和人との関係そのものが否定されることもありません。重要なのは悪人が懲らしめられ，問題が解決されることであって，和人のすべてをアイヌの世界から追放すればいいとは考えないのです。

　アイヌにとって，自然（神々）も和人もともに，自分たちの思い通りにならない他者であり環境です。そこからアイヌは恩恵も受け，ときには不利益を被ることもあります。思い通りにならなければ追放する，破壊するというのではなく，いかに危険で有害な側面を制御しながら付き合っていくか，というふうにアイヌは考えるのです（坂田2016a）。民族の違いを善悪や敵味方といった価値判断の基準にしないというアイヌ口承文学の考え方は，今日の私たちにとっても大いに学ぶところがあるのではないでしょうか。

　以上をまとめると，第一次幕領期に行われたことは，日本型の華夷秩序の防衛であった，といえます。蝦夷の外部に存在するロシアや清朝のような日本型華夷秩序の外にある外国との国境，日本と蝦夷地の国境という二重の境界が維持・管理される体制が生まれたということです。場所請負制という制度の下で，

アイヌの和人に対する従属が進んだとしばしばいわれますが，この時代に現在に伝わる形のアイヌ文化が同時に隆盛しました。近世を通じて，和人のアイヌに対する支配者意識が強化されていったことは確かです。けれども，それはあくまで和人の自意識上の問題であるということに注意しなければなりません。別の言い方をすれば，アイヌはアイヌなりの対和人関係観を持っていたということです。華夷秩序が維持されたということは，日本にとってもアイヌは異民族であり続けることにこそ存在意義があったということにほかなりません。その意味で，いかに和人との関係が難しいものであろうとも，アイヌにとって蝦夷地はアイヌ・モシㇼ（アイヌの国）のままであり続けたのです。このような状態が変化していくのは幕末維新期のことです。

2. 近代の日本はアイヌにどんな政策を
とったのだろうか

（1）　幕末に起きた変化とは？：第二次幕領期

●

　18世紀末から19世紀初頭に起きた，蝦夷地「幕領化」と呼ばれる現象は，正確にいうと，外部世界からの日本型華夷秩序の防衛であったといえます。日本にとって，蝦夷地は日本の外部に位置しましたが，日本型華夷秩序の内部に位置づけられていた，ということ自体は，それ以前と変わりません。しかしながら，日本型華夷秩序にそれを脅かす外部が登場したとき，日本型華夷秩序そのものが近世日本国家の防衛すべき守備範囲と意識されたことは大きな変化でした。そしてこの変化の意味は幕末維新期以降，西洋諸国との関係において日本の主権の外縁を決定する必要が生じたとき，より明確になります。19世紀後半に確定された近代日本国家の領土は，近世における日本型華夷秩序の範囲とほぼ重なり合う地域でした。日本が外国との関係で最初に国境画定交渉を行ったのは，蝦夷諸島地域をめぐるロシアとの交渉です。19世紀後半の蝦夷諸島をめぐるロシアとの交渉の中で，日本の近世東アジア的な世界観（華夷秩序）からの脱皮と，近代的な主権国家体制への適応が進行したのです。この変化には，領土領有権の根拠についての考え方の転換が伴いました。東アジアの近世においては，各国の君主は周辺地域の首長との朝貢関係を結び，かれらの住む土地を勢力範囲とみなしていました。これに対し18世紀以降，西洋諸国の間では，自国民の定住，および耕作や資源開発などによる土地の有効利用の有無が新たな土地に排他的な領有権を主張する根拠となっていました。

　この基準によれば，松前藩および幕府とアイヌの間で続けられた数百年にわたる交易関係や儀礼関係は，日本のアイヌの土地に対する権利をなんら保障す

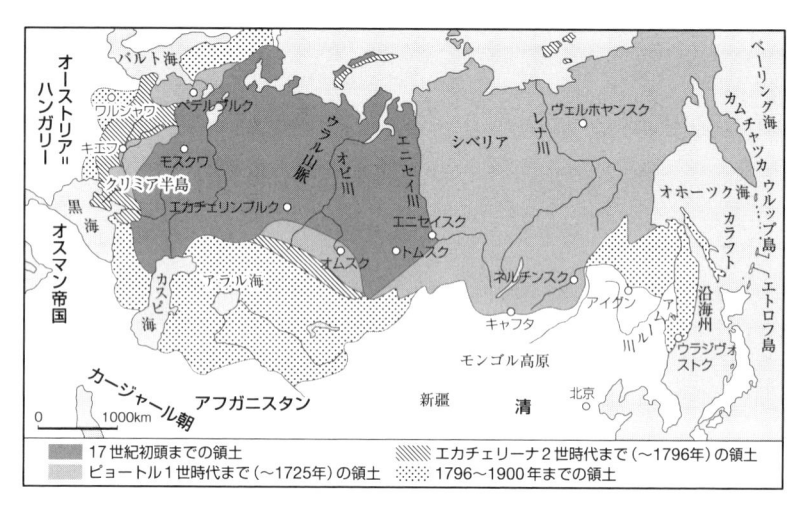

図10　ロシアの拡大

るものではありませんでした。蝦夷地における和人の漁業経営は季節労働的な出稼ぎ労働とアイヌの労働に依存しており，和人の定住人口はほとんどありませんでした。農業や資源開発といった土地の有効活用もほとんど行われていなかったので，近世に和人が築いた蝦夷地・アイヌとのかかわりは，西洋近代の基準においては領土領有の根拠にほとんど結びつかなかったのです。

　1854（嘉永7）年に日米和親条約[※1]が締結されて以降，幕府はその他の西洋諸国とも同様の条約を締結していきました。そのひとつ，1855（安政元）年にロシアとの間で締結された日露和親条約には，唯一，国境に関する条項が含まれていました。この条約によって，千島列島方面に関してはエトロフ島とウルップ島の間に国境が引かれました。他方，カラフトに関しては国境を定めず従来どおりとする，という曖昧な規定にとどまり，実質的には国境未画定状態が継続することとなりました。とはいえ，エトロフ―ウルップ間に日本で最初の正

式な国境が引かれたことの意味は大きなものでした。まず，エトロフ以西が日本の「領土」となりました。つまり，エトロフーウルップ間の国境は，日本型華夷秩序とその外部世界を区切る境界ではなく，主権国家と主権国家の境界に変質したということです。これは国境の内側の地域に対する唯一の主権が日本政府にあることを意味します。

　国境交渉は日本とロシアの間で行われ，アイヌの意志が問われることはありませんでした。これは18世紀後半以降，アメリカ大陸や南太平洋地域などで起きていたことと同じ性質の現象で，今日の先住民問題の起源がここにあります。当時西洋諸国は世界中で競って植民地を拡大していましたが，新規領土領有の根拠とされたのは，先述したとおり定住，耕作，資源開発など恒常的な土地利用だったので，現地住民が昔から行っていた狩猟採集，遊牧などは恒常的な土地の有効利用とはいえないとして，その土地は「無主地」とみなしてもよい，ということにしていました（太寿堂1998：第1章）。さらに19世紀には，国家を形成しない社会は国際法上の権利主体とはみなされなくなりました（太寿堂1998：59）。北米や南太平洋の島々にはヨーロッパ人が定住する以前から数多くの人々が居住していました。農耕を行う人々もありましたが，多くは狩猟採集を生業とする人々でした。西洋諸国は自国民を移民として送り込み，植民地を建設し，自国領土としました。現在のアメリカ，カナダ，オーストラリア，ニュージーランドなどは，このような植民地が後に本国から独立して成立した国家です。これらの国々には現在，多くの先住民がいますが，それはヨーロッパ人が移住する以前からその地に住んでいた人々の子孫なのです。

※1　1854年にアメリカとの間で調印された条約。この条約により日本は開国し，下田と箱館がアメリカ船に対し開港された。

幕府が蝦夷諸島をめぐってロシアとの国境交渉を行ったのは，このような時代でした。千島列島の北部は別として，南千島，蝦夷地，カラフトについては歴史的な関係をほとんど持たないロシアが，この地域の国境交渉を持ちかけてきたこと自体が，上記のような当時の「国際法」的基準によっていました。蝦夷地，千島列島，南カラフトに住むアイヌ，カラフト中部から北部に住むニヴフ[2]やウィルタ[3]などの先住民の領有権は認められず，権利主体ともみなされず，これらの島々についての交渉相手は清朝か日本とみなされました。

　1854年，箱館の開港を目前にして，幕府は箱館奉行を再設置します。これ以降，幕府崩壊までの期間を日本史では「第二次幕領期」と呼んでいます。この時期は第一次幕領期と異なり，より実質的な意味で蝦夷地「幕領化」が試みられました。その背景には，西洋的な国際秩序への意識がありました。日本が西洋諸国との条約関係に入ったということは，当時の西洋的国際秩序に一歩踏み入ったということでもあります。

　18世紀後半に，本多利明などが蝦夷地への日本人の移住と資源開発を主張したように，西洋の植民地拡大とその手法については日本でもよく知られていました。西洋にならった蝦夷地への日本人の移住・開拓政策は，第一次幕領期には早々に断念されましたが，ロシアとの国境画定問題が現実となった19世紀半ばには，切実な課題となっていました。箱館奉行は近世日本の北端であった北海道の渡島半島に続く地帯，北海道の南部から和人の入植を開始し，次第にカラフトへ北上する計画を立てました。同時に，アイヌの居住地は日本である，という論理も主張し続けました。ただし，アイヌの日本人への同化が必要であると考えながらも，幕府が強硬な同化政策をとることはありませんでした。

　幕末における日露の蝦夷諸島をめぐる領有権争いの場は北蝦夷地（カラフト）

図11　和風化したアイヌ

でした。ロシアは1858〜60年にかけて清朝と条約を結んでアムール川下流域を領有し，その前後からカラフトへの入植を加速させていきました。一方，幕府の入植政策は蝦夷地の南部ですら思うように進まず，北蝦夷地においては，わずかな勤番の派遣，漁場開設，アイヌ交易といった，当時の国際法上では領有権の根拠として極めて脆弱な近世的な対応にとどまりました。カラフトにおける入植競争は，ロシアに圧倒的に有利な状況で進み，1867（慶応3）年，樺太島仮規則にアイヌの人格および財産の自由を承認する条項が組み込まれると，アイヌの居住地はすべて日本領であるという主張も切り崩されていきます（秋月

※2　アムール川下流域からサハリン北部地域の先住民。
※3　サハリン中部以北の先住民。

1994：176）。カラフトにおける日本の劣勢は取り返しのつかないものとなっていきます。

　幕府は領有権を主張するために日本人の入植が必要であることは理解し始めていたものの，武士層に働きかけ，その自由意志に基づく移住に期待したという点で楽観的に過ぎたといえます。植民地獲得競争を長年経験してきた西洋諸国においては，新規の領土領有に際しては奴隷の移送，自国民の植民地への流刑，年季奉公制度による送り込みなど，何らかの形の強制的な移住政策をとることが多く，それが速やかな植民地建設を可能にしていました（Arneil 2017：33）。幕府においても西洋の例にならった罪人移送がしばしば議論されましたが，治安の悪化やそれがアイヌなど先住民に及ぼす影響を考えて慎重論もあり，実現をみないままに終わりました（Sakata2018：314-315）。幕府は当時，植民地建設の初期段階に必要とされた非人道的手段（自国民の強制移住など）の行使には不慣れかつ消極的で，ゆえにカラフトをめぐる領有権争いで劣勢に立たされたといえます。

　カラフト方面の国境は，明治維新後の1875（明治8）年，樺太千島交換条約によって，カラフト全島がロシアに帰属することで決着がつきました。千島列島は全島が日本領となりました。領土分割において，その土地や住民との歴史的関係よりも，自国民を速やかに定住させ，耕作や資源開発を早期に軌道に乗せた者が勝者となることを，日本はカラフトをめぐるロシアとの競争により経験的に思い知ることになりました。条約の結果，北海道は宗谷海峡をはさんでロシア領サハリンと対峙する国境の島となりました。以降，政府は北海道の「迅速な」開拓を目指します。

　帝国主義の時代，新領土の開拓は，それ自体が領有権の根拠となったばかり

でなく，それによって他国の進出をあらかじめ防ぐ国防の手段でもありました。北海道の開拓は発足したばかりの維新政府の最重要課題のひとつでしたが，それは単なる未開発地域の開発や国境地域の防衛といった性格のものではなく，日本領となったばかりの北海道を日本人の定住により内実ともに日本領につくり上げることが，領有権の安定に必須の緊急課題と考えられたためでした。北海道への自国民の移住および実効的な占有（耕作，資源開発）がなければ，仮に条約で決めた国境があったとしても，他国の進出によって奪われる可能性を否定できない，という意識が当時の政府関係者にはありました。つまり明治政府の意識の上では，蝦夷諸島をめぐるロシアとの領有権争いは条約締結によって終わったわけではなく，北海道開拓という形で最終段階を迎えることになるのです（Sakata 2018）。以上のような蝦夷諸島と日本をめぐる国際環境の変化がアイヌの運命に大きく影響していきます。

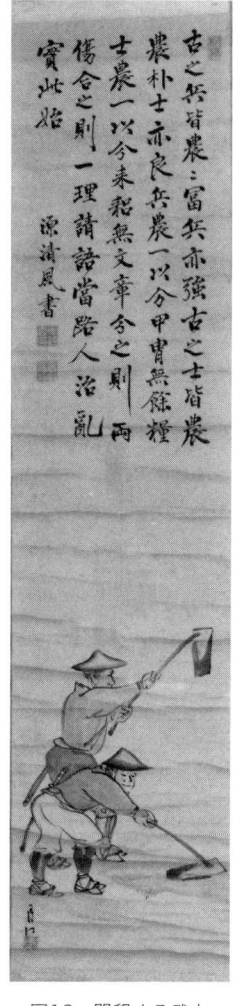

図12　開墾する武士
（旧仙台藩士）

(2)　アイヌ・モシㇼはどこへ…：明治政府の政策

●

主権国家体制において，主権国家の支配は国境の内部にとどまります。華夷秩序世界のような民族間·国家間における服属関係は認められません。したがって日本の政治権力とアイヌの，近世を通じて維持されてきた儀礼的関係には，政治的な意味も価値もなくなります。当時の国際法上，北米や南太平洋の先住民と同様，狩猟採集を主な生業とするアイヌは土地に対する権利主体とはみなされないので，北海道領有に関していえば，アイヌの存在そのものが日本にとってほとんど意味のないものとなりました。明治政府による北海道政策は，以上のような前提に立って行われました。

領土内の支配は領有の実績（自国民の定住と土地の有効活用）によって裏づけられます。明治政府による北海道開拓は明らかに，幕府が認識しながら実現できなかった政策の実行といえるものでした。北海道の主な定住者は日本人である必要があり，かつ土地の有効利用（開拓）はできるだけ早く行われる必要がありました。そのためには直接的・間接的に強制力の伴う人口移動が必要とされます。したがって海外の多くの移住植民地と同様，様々な意味で日本社会にとって好ましくないとみなされた人々がまず移民の対象となりました。具体的には戊辰（ぼしん）戦争※4で維新政府に抵抗し敗北した東北諸藩，浮浪者，貧困層，政治犯を含む囚人（しゅうじん）などでした。自由移民が増加し始めたのは明治20年代に入って以降です。

新規領土に自国民を定住させる行為を植民（colonization）といいます。植民地（colony）とは元来，本国の人口を移動させ定着させた土地を指します。

この植民が18世紀以降，新規領土領有権の根拠になったことはすでにお話ししました。しかしながら，15世紀以降に西洋が海外進出を活発化させたとき，西洋人の入植した多くの土地にはすでに異なる言語・文化を持つ住民がおり，多くの場合，植民地化には現地住民に何らかの政策をとることが伴いました。そのために植民地支配とは異民族支配が主要な要素であると認識されがちですが，植民地の本質は，支配国家からの人口移動と定住化の方で，異民族支配は副次的に伴うものだったのです。植民地には地域の特性に応じて，移民人口の多い植民地と，移民人口が相対的に少なく現地住民人口の多い植民地とがあり，後者，たとえばインドにおいては異民族支配の性格が強くなります。北海道の場合は前者のタイプの植民地といえます。

　植民地というと，一般的に遠方にある異民族の居住地域に対する支配と認識されがちなのは，移民人口の多い移住植民地の場合には，後に移民による国家が樹立されて本国から独立したり，植民地が本国に編入されて本国の一部になったりするなどの歴史をたどることが多いためです。移住植民地の代表的な例はアメリカ，カナダ，オーストラリアなどですが，これらの国々は移民が国家を樹立して本国から独立しました。北海道の場合には1903（明治36）年に本国に編入され，日本本国の一部になりました（塩出2015：62）。

　植民地が本国から遠く隔たった領土であるというイメージが定着していったもうひとつの理由に，1960年，国連で行われた1514決議の影響があります。この決議は，第二次世界大戦後，植民地の独立を認めるにあたって，その対象を海に隔てられた領土，もしくは遠隔地にある領土に限定しました（通称salt-

※4　1868（慶応4）〜1869（明治2）年，新政府軍と旧幕府軍の戦い。

water thesis)（Arneil 2017：6）。これ以降，植民地＝海外（遠隔）植民地という認識が固定し，先住民問題は植民地問題から切り離され，「国内」の単なるマイノリティ問題や貧困問題と認識されるようになっていったのです。しかし近年，北米などでは，先住民問題を植民地問題として考えるようになっています。

　明治政府は，北海道の主な住人を和人へと切り替えていく一方で，もともとの住人であるアイヌに対しては言語・生活・生業の日本人への同化を進め，強制的・半強制的な方法による集落の移転・集住化を各地で行いました。アイヌは，和人に同化すること，和人による開拓を妨げないことのみが求められる存在となっていきます。明治政府のアイヌ政策は，日本国家が近代国際秩序へ自らを適応させていった近代国家の樹立策の一環でした。それは北海道を日本国の領土として獲得し保全する政策でしたが，同時にアイヌを思想的，文化的，物理的レベルで和人の視界から消し去り，北海道がアイヌの土地であった痕跡を拭い去っていきました。

（3）　アイヌを日本国民にするとはどういうこと？

●

　維新政府が当初，蝦夷地・アイヌに対してとった姿勢は，華夷秩序的な関係の清算，近代的領有（移民・開拓）への転換という明白なものでした。異民族に対する撫育政策[※5]からアイヌの日本国民化・同化政策への転換といえます。

　1869（明治2）年，政府は蝦夷地を北海道と改称します。北海道という命名は古代日本の行政区分である五畿七道にならったもので，この地が日本の公式の領土として位置づけられたことを示しています。明治4（1871）年4月，戸

籍法^{※6}が制定されると，アイヌも日本国の平民に編入されます。これは北海道が日本領となった以上，華夷を分けず，アイヌも等しく日本国民とするという考えに基づいていました（榎森2007：388-389）。このアイヌの日本国民への編入は，和人にとっては服属関係，アイヌにとっては友好関係という双方で解釈のズレを許した近世的アイヌ－和人関係の，日本政府による一方的な破棄を意味しました。

　日本国民への編入はまた，アイヌが和人と同じ風俗・言語を身に着け，和人とともに北海道開拓の使命を担うことを意味しました。明治4年10月，開拓使^{※7}はアイヌに対し，開墾を行う者には家屋・農具を提供し，日本語・文字を学ぶことを奨励する一方，アイヌの風俗のうち女性の入墨や男性の耳環などを禁止する達を出します。以降，政府はアイヌの生活文化のうち，和人と異なる文化を次々と禁止していきます。この中にはアイヌ独自の狩猟・漁労技術など，アイヌの生業にかかわるものもあり，アイヌの生活の困窮を促す原因になっていきます。このような明治以降のアイヌ政策は「同化政策」と呼ばれます。当時の日本政府にとって日本国民になるということと，アイヌの言語・文化の維持とは，両立するものと考えられていなかったのです。

※5　アイヌを一段下の存在として位置づけながら，慈悲深い施策によって日本の側に引きつけようとする政策のこと。具体的には公正な交易，和人による非道の防止，老人・病人に対する手当てなど。文字や農耕を教えるなど和風化の奨励も撫育政策のひとつと認識された。

※6　1871年制定。これに基づいて1872（明治5）年，全国統一基準に基づく最初の戸籍（壬申戸籍）が作成された。近世の宗門人別帳が身分別に作成されていたのに対し，壬申戸籍は地域を単位として編製された。

※7　1869（明治2）年，北海道をはじめとする旧蝦夷諸島の開拓を担うために設置された官庁。1875年の樺太千島交換条約以前にはカラフト開拓も任務に含まれていた。1882（明治15）年廃止。

日本国民への編入は，アイヌにとっては矛盾するふたつのメッセージを含む
ものでした。華夷の別を解消し国民としての「平等」を与えられたといっても，
様々な矛盾を抱えながらも近世を通じて維持されたアイヌの民族としての自立
が，アイヌの意向を問われることなくあっさりと無効にされたという意味で，
地位の転落にほかなりませんでした。また，アイヌは日本国民になるために自
らの言語・文化・生業・生活習慣・信仰，つまりあらゆる日常を変える必要に
迫られたという点で，和人との平等な扱いは，実質的に不利な条件での競争を
強いられることを意味しました。アイヌは，平等という名の下の不平等が常態
化した社会を生きることになったといえます。

　1878（明治11）年には，公式文書でアイヌを指す呼称として「旧土人（きゅうどじん）」と
いう言葉が採用されるようになります。アイヌを日本国平民としてからも，実
務上アイヌと和人を区別する必要があり，和人に対しアイヌを指す際には「旧
土人」という呼称を用いることが定められたのです。第二次幕領期の1856（安
政3）年頃，幕府はアイヌの呼称を「蝦夷人」から「土人」へ改めていました（菊
池1994：249）。ロシアとの間に領土問題を抱え，アイヌの居住地域は日本の
支配地域と主張していた幕府にとって，アイヌを蝦夷人＝異民族と呼ぶことは
自論に矛盾します。土人という言葉は近世においては「現地の人」というニュ
アンスの言葉で，たとえば，松前藩の和人が松前土人と呼ばれることもありま
した[8]。この土人という言葉は近代に入ってから，植民地化の対象地域の住民
を，蔑視（べっし）感情を込めて指す用語となり，差別語になっていきます。「旧土人」と
いう用語は，かつて幕府の時代に土人と呼ばれていた人々という意味だと考え
られます（弘谷1985：29-30）。この呼称は日本国平民の下位区分として創設
されたものであり，アイヌも和人も等しく日本の国民のはずでしたが，この呼

称そのものがアイヌへの蔑視感情をかき立てることになっていきました。

（4） 移転・集住化政策は何をもたらしたのか

●

　明治政府の北海道政策はかつてのアイヌ・モシリを名実ともに日本領にする
プロジェクトでしたので，その中心的課題は和人の移住と土地・資源の活用で
した。北海道開拓の進展の諸段階で，アイヌの集落は実に様々な理由・名目に
よって，次々と開拓に支障のない地域へ移転させられました。1870〜80年代，
札幌，小樽，余市，釧路，網走など都市が建設された場所では，現在の市街地地
域にあったアイヌ集落は郊外へ移転させられました[9]（小川1997：52-58，加
藤2017）。1880年代半ばには，アイヌに農業技術を指導する名目で十勝地方や
日高地方で移転・集住化が行われました。この農業指導は当時，大雪や乱獲に
よるシカの減少などによって食糧不足に陥っていたアイヌの生活を救済する目
的があったことは事実ですが，結果として救済事業としては成果を見ず，アイ
ヌ集落の整理統合を行ったのみに終わりました（加藤1980）。

　アイヌの集落移転は単なる移転ではなく，複数の小規模集落を集めて大集落
を形成するという集住化を伴いました。もともとアイヌの集落は1〜20戸程度
の小規模な集落が川筋に点々と散在する形で分布していました。このようなア

[8]　たとえば最上徳内『蝦夷草紙』（1790年）。大友喜作編『北門叢書』1，国書刊行会，1972年，
　　337頁。

[9]　北海道アイヌのみならず，カラフト・アイヌ（1876年，江別市 対雁へ），北千島アイヌ（1884
　　年，色丹島へ）も強制移住させられた。背景には統治上の理由のほか，国境周辺にアイヌを居
　　住させることが，国土防衛上のリスクになると考えられたこともある。

図13　新冠御料牧場（1899年）

イヌの村のあり方は，和人の入植と耕地の開拓には不都合でした。複数の小規模集落をまとめて大きな集落を1ヶ所につくれば，アイヌの立ち退いた後に広大な土地を確保することができ，移民や和人資本家へ払い下げることができます。1880年代の十勝・日高のケースは結果としてそのような効果をもたらしました。1886（明治19）年以降，北海道庁[10]による大規模な土地処分が進行するにつれ，石狩川中・上流域，千歳原野など，開発が予定される地域のアイヌ集落の移転が行われました（笹木1978，小川1997，石狩川中流域研究会1999）。1890年代後半には御料牧場・御料農地（皇室財産の牧場・農地）設定のため，新冠や弟子屈のアイヌ集落が移転させられました（山本1985，小川1997）。中には自ら開墾した土地を捨てて新たな土地の開拓を余儀なくされた人々もいました（新十津川，千歳，新冠など）。このようにして1870年代以降，北海道の全域で，アイヌ集落の移転・集住化が行われたのです。移転先の土地をも奪われたり，さらに立ち退きを要求されたりして，その後も移転を繰り返したり（新

十津川, 小樽, 千歳など), 移転先の土地で生活に困難を極めたりして集落が離散していったケース（新十津川, 釧路, 新冠など）は少なくありません。

　結果として, 今日, 北海道にはアイヌ集落と呼べる地域はほとんどありません。それは自然に, もしくは自由にアイヌが移動した結果, というよりは, 直接的・間接的な政策の結果です。今日アイヌ人口の多い地域はありますが, それらは以上のような歴史の結果, 集落の離散と再創造を繰り返した末に形成されたものなのです。

　都市建設や和人移民の入植地確保といった理由で, アイヌは道内各地の, より条件の悪い土地への移転を余儀なくされました。その結果, 次第にアイヌは和人の視界から見えなくなっていきました。このようにして和人移民のための広大な「無人の」未開地が創出されたのです。

（5）　この土地は誰のもの？

●

　ところで, なぜもともとの住民だったアイヌが土地を追われることになったのでしょうか。先に見たように, 日本国家が正式に北海道を領有するには当時の国際社会が承認する基準を満たす必要がありました。自国民の移住と土地の活用です。西洋諸国の植民地獲得競争の中で編み出されたこの国際ルールは, 同じ基準で北米や南太平洋の先住民の土地の権利を剥奪するものだったことは

※10　1886年, 北海道に設置された官庁。1882年の開拓使設置以降, 北海道には札幌, 函館, 根室のみっつの県がおかれたが, 開拓事業の不振などによりこれを廃止し, 開拓使時代と同様, 行政と開拓事業の一元化を図るため設置された。当初は内閣の直属機関であった。

すでにお話ししました。先住民は国家を形成していない，という理由から国と国の関係である国際社会のメンバー，すなわち交渉相手とは認められず，耕作を行わないために土地を継続的に活用していない，という理由で土地への権利を認められませんでした。

　同じように，アイヌの意思にかかわりなく北海道は日本領に組み込まれました。1872（明治5）年以降，政府は北海道の土地を一定の条件の下で国民に分配していきました。1877（明治10）年には北海道地券発行条例が定められ，これに従って地価と納税者が確定されていきましたが，このとき，アイヌの宅地およびそれに付属した土地は官有地第三種とすることが定められました[11]。この規定には地域・アイヌの状態によっては正規の処分を行うこともあると付け加えられており，和人と同様にアイヌも土地を所有できる可能性は残されていましたが，原則としてアイヌには土地所有権は認められないことになったのです。

　そもそも，アイヌは日本国民として，和人と同じ手続きによって土地を取得し，所有することができるはずでした。事実，和人と同じ条件で土地を取得したアイヌも少数ながら存在しました（高倉1972：494）。地券発行条例において，アイヌの土地所有権が認められなかったのは，アイヌの私有を認めることによって，かえって悪意のある和人に騙されるなどして土地を失うことを未然に防ぐためであったといわれます。ところが，アイヌの土地を官有地としたことによる弊害も生じました。役人の側のずさんな事務処理，認識違い，恣意によって，アイヌが勝手に官有地を開墾しているとみなされたり，土地を追われたりすることがたびたび発生したのです（高倉1972：494-498）。結果として北海道地券発行条例の規定は，本来の目的に反しアイヌが土地の権利を損なう一因

になりました。

　アイヌが土地をめぐって直面した困難は，政策的な移転・集住や，法制度の運用に関する問題だけではありませんでした。和人の入植者によるアイヌの土地・財産の「横領」もまた，当時深刻な問題となっていました。1890年代までには，開墾地や漁場を所持していたり，牧場を経営したりしているアイヌの存在は知られており，アイヌのすべてが貧困層ではないことも認識されていました。しかしながら，これらのアイヌの土地や財産が，和人入植者によってたびたび脅かされてもいました。これには明らかに不正と呼べるものから，法的にはグレーゾーンの事例まで様々なケースがありました。前者の事例としては，ある和人入植者が土地の払い下げを受けたと称して，その土地に住んでいるアイヌを追い出したり（標茶町史編纂委員会1966：19），不正な登記手続きによってアイヌの土地権利を奪ったりするケースなどがありましたが（石狩川中流域研究会1999），より広く見られた例としては，借金・借財を負わせてアイヌ保護地の貸借契約を行うといったものでした（たとえば山田2011：224-227）。北海道の土地を和人の入植者に解放する際，アイヌが居住している地域の場合には，1戸あたり1万5000坪以内の土地をアイヌのために官有地第三種の扱いで保全していました（山田2011：214）。アイヌが移転・集住させられたのはこのようにして設定された地域でした。この土地は法的には官有地であり，アイヌに所有権があったわけではないので，賃貸借契約は本来できないはずでし

※11　地券発行条例，1877年制定。北海道の土地を用途別に分類し，官有地以外については等級により地租を定め，所有者に地券を発行して納税義務を課すことを定めた。第16条に「旧土人住居ノ地所ハ其種類ヲ問ス当分総テ官有地第三種ニ編入スヘシ。但地方ノ景況ト旧土人ノ情態ニ因リ成規ノ処分ヲ為ス事アルヘシ」とあり，アイヌの土地は官有地とされ，土地所有権は認められなかった。

たが，アイヌが借金を負わされて，利用していた土地が実質的に和人の手に渡る，ということが見られました。

　法的にグレーゾーンのケースというのは，たとえば，役所への届け出をしないままアイヌが開墾していた土地の所有権を，和人が先に申請して取得してしまうケースなどです（伊東ca. 1898-1899）。この場合，手続き的には違法とはいえません。しかしながら，背景には法制度の知識が十分にアイヌに伝わっていなかったという事情があり，それに付け込む和人の入植者もいたのです。そのような現実に役所が適切な対応をしなかったために，アイヌの開墾した土地が法的には何の問題もなく和人の所有地となってしまうという理不尽な結果を招いたのです。

（6）　狩りも漁も不自由に：生活はどのように変わったか

●

　アイヌの生活を不安定化させていったのは，土地に関する問題だけではありませんでした。開拓使によるシカ猟や河川におけるサケ・マス漁に対する法規制もまたアイヌの生活に直結する問題でした。

　伝統的なアイヌの食生活における主食はシカとサケでした。私たちの多くは主食というと，ごはんやパンのような穀物を原料とする食品を思い浮かべますが，北海道の日本領化以前のアイヌの場合はそうではありません。地球上の北に位置する寒冷な地域では，たとえばカナダやグリーンランドのイヌイットのように，穀物ではなく動物性タンパク質を主食にすることが多いのです。アイヌの食生活は狩猟・漁労・採集・農耕によって支えられていました。狩猟・漁

労によって得られる肉や魚, 四季折々にとれる山菜, キノコ, 木の実などのほか, ヒエ・アワなどの雑穀を栽培していましたが, 動物性タンパク質と山菜類をたっぷり食し, 穀物は副菜のような位置づけでした。このような食生活によって冬の厳しい寒さを生き抜く身体が育まれたのです。第一次幕領期に東北諸藩の藩士が蝦夷地の勤番に派遣された際, 冬に数多くの死者を出しましたが, 死因の多くはビタミンCの欠乏による壊血病（かいけつ）であったといわれます（菊池2013：116）。日本のコメ中心の食生活を蝦夷地に持ち込んだ結果, 厳しい冬に堪（た）えることができなかったのです。昔のアイヌの食生活は, 今日の私たちにとっては, 少し意外かもしれませんが, 当時の北海道の自然条件に適したものだったのです。アイヌの家庭では飢饉（ききん）の年に備え, 常に倉の中に2〜3年分の食糧を貯蔵しておいたともいわれます（アイヌ民族博物館2018：106）。

　このような生活は, 明治期に入ると, 和人の流入と開拓使の政策によって変化を余儀なくされます。シカ猟への規制は, アイヌの伝統文化への規制と, シカの資源保護というふたつの側面から行われました。アイヌはトリカブトでつくった毒を鏃（やじり）（矢の先端）にぬって用いる毒矢猟を行っていましたが, 開拓使はこれを, 鉄砲を用いた猟に転換させる方針をとりました。他方, 明治に入り和人のハンターたちが北海道に流入し, シカが乱獲されるようになると, 北海道内のシカの個体数は急激に減少し, 資源保護の必要性が生じました。開拓使は1876（明治9）年, 北海道鹿猟規則を布達し, 免許鑑札（かんさつ）制を導入してハンターの数を制限し, 猟期を設定するなどの規制を行います。同時にアイヌの毒矢を使用したシカ猟は禁止とされました。同法施行後の免許取得者の大半はアイヌであったといわれていますが, ハンター数の上限が設定されたことにより, 希望しても免許を取得できないアイヌもいました（山田2011：86-89）。シカは

図14　毒矢猟　毒矢猟には弓矢や仕掛け弓が用いられた。図は
仕掛け弓。鏃にはトリカブトの毒がつけられている。

主食であり，かつては誰でもとることができたということを考えれば，アイヌにとって生活の根幹にかかわる前例のない制約を課されたことに違いはありませんでした。

　シカ猟同様，河川でのサケ・マス漁も規制されていきました。アイヌの伝統的な集落はサケが海から遡る河川にそって形成されることが多く，秋に川を遡上（じょう）する大量のサケは干して保存食とされ，年間を通して食されました。一方，開拓使にとってもサケは北海道の最も重要な水産資源のひとつと位置づけられていました。そのため，乱獲による資源の減少が深刻な課題となるにつれ，資源保護の理由で法規制が行われるようになりました。地域，河川によりばらつきはありましたが，全体的傾向としては，河口や沿岸で行われる大規模な漁業に制約はかけず，上流における漁業に対して規制を行いました。その対象となったのはアイヌや和人入植者が生活のために行う川漁でした（山田2011：170-174）。

以上のように，アイヌの伝統的な生業に規制がかけられたことは，居住地の移転問題とともに，アイヌの生活を不安定なものにしていきました。このような政策の結果として生み出されたアイヌの貧困問題は，1890年代に入ると国政上の課題となっていきます。結果として1899（明治32）年に制定されたのが「北海道旧土人保護法」という法律でした。

（7）　旧土人保護法の何が問題か

●

　まずはこの法律の内容を簡単に説明しましょう。この法律は13条からなり，主な内容は土地および農業奨励（第1〜4条），医療費支援（第5・6条），学校教育（第7・9条）に関するものでした。

　土地に関する規定では，農業を行うアイヌに対し，1戸につき1万5000坪までの土地を無償で与えることが定められました。ただし，これには15年以内に開墾できなければ没収するとの条件もつけられていました。与えられた土地に関しては，アイヌの所有権が認められましたが，北海道庁長官の許可がなければ子供への相続以外の譲渡をすることはできず，質や抵当（ていとう）に入れること，地上権や永小作権（えいこさく）などを設定することもできないなど，多くの制約が課せられました。また，旧土人保護法制定以前にアイヌが一般の方法で取得した土地に関しても同様の所有権の制限が設けられました。このような制約は，従来アイヌの土地所有権を認めず官有地としていたために発生していたアイヌの土地喪失の問題，およびアイヌが一般の手続きで取得した土地が和人の入植者に奪われる問題への対応として設けられたものでした。つまり北海道旧土人保護法におけ

る土地および農業奨励に関する条文のねらいは，貧困問題への対策として農業用の土地をアイヌに与え，土地所有権を認め，その上で所有権の移動に関して厳しい制限を課すことによって，アイヌの土地を不当な横領から保護しようというものであったといえます。

　教育および医療については，アイヌの集落に国の費用で小学校を設置し，貧困家庭には授業料を与えたり，医療費の補助を行ったりすることが定められました。ただし，この授業料および医療費支援の財源は「北海道旧土人共有財産」と呼ばれるもので，アイヌが漁業などで得た収益を積み立てたものでした。不足の場合には国庫より支出するとの規定があるものの，原則としてアイヌ自身によって蓄積された資金でした。

　ところで，今日，旧土人保護法が問題視される場合，本来狩猟採集を生業としていたアイヌを農耕民化させる政策であったとか，学校教育とはすなわち日本語教育であり，アイヌの言語文化を否定する同化教育であるといった批判がなされます。「旧土人保護法＝同化政策」という観点からの批判です。「同化教育」の問題については次の章で触れることとして，ここでは「農耕民化政策」という批判が正確かどうかを考えてみましょう。

　先に述べたとおり，この法律の制定を促した重要な背景のひとつにアイヌの土地財産問題がありました。1895（明治28）年2月，北海道毎日新聞記者の但木研北と沙流出身のアイヌ男性，鍋沢サンロッテーが東京を訪れ，貴族院議員に，北海道の各地でアイヌの開墾地，牧場，漁場の政府による没収，民間人による奪取が行われ，アイヌが窮地に立たされていることを訴えています（富田1990，井上1999）。ここで注目すべきは，アイヌの開墾地，牧場，漁場，その他の財産が官吏や民間人によって不当に奪われていることに対して異議が申し立

てられているという点です。つまりこれは狩猟採集を生業とするアイヌが，農業や時代の趨勢(すうせい)に適応できずに貧困にあえいでいるという問題ではないのです。もちろん当時，多くのアイヌが狩猟・漁労を生業としていたのは確かで，この分野においても法制度や和人のハンターの流入による多くの問題が発生していたことも事実ですが，このときに訴えられていたのは，自主的に近代化の努力を行っていたアイヌが不当に扱われているという問題だったのです。問われていたのは和人と日本政府の不正義でした。

　旧土人保護法の内容上の問題として，農業以外の方法で生計を立てることを望むアイヌには支援が用意されていない，という点に大きな不備があったのは確かです（この点については1937年の同法改正で農業以外の産業に従事する場合についても支援が可能になりました）。しかしながら，同法成立以前から農業や牧畜を行うアイヌは存在しており，この法律によって狩猟採集民のアイヌが農耕民化させられたと考えるのは正確ではありません。

　それでもなお，旧土人保護法がアイヌの尊厳を著しく傷つけるものであったことには違いありません。旧土人保護法の制定過程の議論と，法制定後に発生した諸問題を見ながら考えていきましょう。帝国議会では，サンロッテーらの訴えに先立つ1893（明治26）年，第5回帝国議会において立憲改進党の加藤政之助(かとうまさのすけ)[12]が北海道におけるアイヌの窮状，土地問題を取り上げ，法律の制定を訴えましたが否決されました。第8回帝国議会（1895年）では，サンロッテーらの訴えを背景に，自由党の鈴木充美(すずきじゅうび)[13]議員らがアイヌ保護のための法案を提出

※12　1854（嘉永7）〜1941（昭和16）年, 埼玉県出身。
※13　1854（嘉永7）〜1930（昭和5）年。

しましたが，これも廃案となりました。第13回帝国議会（1898年）で，明治政府による法案が審議され，制定に至ったのが旧土人保護法でした。このときの議論は，アイヌの土地喪失は「優勝劣敗」の結果であるとの認識の下に進められました（麓2002：10）。先に述べたように，旧土人保護法においては，アイヌの土地を保護するためにアイヌの土地所有権を制限するという方針がとられました。その背景には，アイヌは劣等民族であり，土地管理能力が欠如しているという認識があったのです。旧土人保護法がアイヌを著しく侮辱する法律とみなされるようになった原因のひとつとして，法の制定自体がアイヌ蔑視の精神において行われた，という点を指摘できるでしょう。サンロッテーらが訴えていたのは和人の不正義の問題でした。これに対し帝国議会では，問題はアイヌの側，アイヌの劣等性にある，という前提の下に審議が行われたのです。

　旧土人保護法は法律の内容以上に運用する上で多くの問題を引き起こしました。旧土人保護法は農業をする意志のある者に土地を与えることを定めています。これは，アイヌはすべて農業をしなければならないと定めた法律でも，アイヌならば必ずこの法律に基づいて土地を与えられなければならないと定めた法律でもなく，希望者へ土地を与えることを定めた法律でした。しかしながら道庁では，アイヌが農業を行うことを前提に，個々のアイヌの意志にかかわらず機械的に土地を割り当てる傾向がありました。そして農業を行わないアイヌは，農業を行う「能力」のない「劣等民族」とみなす傾向もありました。また，旧土人保護法はこの法律以外の制度に基づくアイヌの土地取得を制限したものでもありませんでしたが，この法律の施行後，一般の手続きによるアイヌの土地取得が拒まれることもありました（山田2011：321-324）。これはアイヌの日本国民としての権利の侵害といえます。また，同法はすべてのアイヌは貧困で

あるゆえに保護が必要である，という趣旨の法律ではありませんでした。帝国議会における議論においても，アイヌの中に経済的成功者が存在することは認識されていました。それにもかかわらず，この旧土人保護法によって，あたかもすべてのアイヌが貧困であり，救済を必要としているかのような認識が広がり，アイヌとは貧困なもの，アイヌは保護民である，というステレオタイプなイメージが決定的なものになりました。この点も同法がアイヌの尊厳を著しく傷つけるものと認識された理由のひとつです。

　運用上のもうひとつの問題は，旧土人保護法に基づいて与えられた土地の中には，明らかに農耕に適さない，丘陵地や湿地が含まれていたということです。同法に基づく土地の割り当て方は地域の条件によって様々で，旧土人保護法の制定以前にアイヌのために土地が保全されていた地域では，比較的農耕に適した土地が分配される場合もありました。他方，旧土人保護法の制定後に新たに設定された給与予定地に関しては，この段階では北海道への和人の入植が進行していたこともあって，農耕に適した土地がすでに和人に割り渡されていたり，和人への割り当てが優先されたりするなどして，アイヌに与えられた土地は辺鄙な土地や農耕に適さない土地になりました（山田2011）。また，この土地の割り当てはしばしば，アイヌのさらなる移転・集住を伴いました（笹木1978，貝澤1993：91，山田2011）。

　旧土人保護法は，法律の制定過程，内容の不備，運用上の弊害といった様々なレベルの矛盾を抱えており，それが一方ではアイヌに事実上の不利益を生じさせ，もう一方ではアイヌ蔑視の「法的根拠」になってしまったのです。このような事態を招いたのは，そもそも和人が前提としていたアイヌへの蔑視の感情ではなかったでしょうか。アイヌが求めたのは，アイヌの努力を踏みにじる和

人の不正義への対応でした。しかしながら，結果として制定された旧土人保護法はアイヌが「劣等民族」であるという前提に立ってつくられた法律だったのです。

　当時の北海道において，アイヌに関する法制度はしばしば不透明かつ恣意的に運用されていました。その顕著な例は旭川近文のアイヌ給与予定地をめぐる問題です。この地域では旧土人保護法自体が事実上，施行すらされないという異常な事態が発生しました。旧土人保護法の制定の直前，旭川では陸軍の進駐が決定し，都市としての発展が期待されるようになっていました。そのため同地のアイヌは道庁から，より奥地にある天塩への移転を命じられました。演説会や新聞への投書，東京へ出向いての陳情活動など，言論の力を駆使した抵抗運動を行った結果，近文のアイヌはようやく命令を撤回させることができました。そもそも近文のアイヌ集落自体が，かつては石狩川上流に点在していたもので，屯田兵村[※14]や和人の入植地を設定する理由から移転・集住させられたも

図15　近文給与予定地問題　旭川アイヌ地返還要求上京委員。前列右から砂沢市太郎，荒井ミチ，砂沢ペラモンコロ。後列右から荒井源次郎，小河原亀五郎。1932（昭和7）年6月10日，上野駅にて。

のでした。近文のアイヌは奥地への再移転命令を撤回させることはできましたが, その反面, 旧土人保護法施行後も, 同法の定めた土地所有権を与えられませんでした。このため, 近文のアイヌは土地所有権を求めて30余年にわたり運動を続け, 1934 (昭和9) 年, 旭川市旧土人保護地処分法という法律が制定されて, ようやく1戸3000坪の土地の所有権を獲得しました。長年の運動の結果, 得られた土地所有権は旧土人保護法に定められた1戸1万5000坪の5分の1に過ぎなかったのです (旭川市史編集会議2006, 同2009, 坂田2016b)。

※14 屯田兵は, 1873 (明治6) 〜1904 (明治37) 年, 平時には開拓, 有事には防衛を担うため北海道に設置された土着兵制度。当初は東北などの失職士族を対象に募集を行ったが, 1890 (明治23) 年以降は応募資格を平民へも広げた。

3. アイヌ自身による近代化

（1） 同化か，文化変容か

●

　前章で，旧土人保護法の制定前に貴族院議員のもとへ陳情に赴いた鍋沢サン
ロッテーらの訴えを見ましたが，それは狩猟採集の民であるアイヌが土地を追
われて困っているという主張でも，農業を強制しないでほしいという主張でも
なく，アイヌによる土地の開墾や牧場経営が深刻な妨害にあっている，という
訴えでした。これは当時，自発的に農耕・牧畜を営むアイヌが存在したことを
示しています。つまり近代におけるアイヌの生活の変化は，必ずしも政策的な
強制の結果として起きた現象ではない，ということです。かといってそれはア
イヌが政府の農耕民化政策（同化政策の一環）に肯定的に反応していたという
ことでもありません。私たちが留意すべきはもっと繊細かつ微妙な問題です。
アイヌの近代においては，政府が強要する「同化政策」とアイヌ自身による自
発的な「文化変容」を分けて考える必要があるのです。もっとも，植民地にお
ける同化と自発的変化とは，しばしば判別しづらいことは確かです。支配民族
による政策的な圧力への反応として先住民の自発的な行動選択がなされる以
上，両者を明確に判別するのは困難です。それでも，物事を歴史的に，つまり長
期的なタイム・スパンで眺めることによって，判断が可能になることもありま
す。

　アイヌの近代は，日本政府がアイヌの頭越しに行った蝦夷地の日本領化とい
う状況の下，政府および和人入植者の蔑視と同化圧力にさらされつつ進展しま
した。しかも，近代という時代は世界史上，グローバル化の波が世界を覆った時
代です。西洋諸国の帝国主義的な領土拡大の下，世界中の多くの地域で，急激で

劇的な思想・文化・社会の変化が連鎖的に起きました。植民地化を回避できた日本においても西洋近代の法制度，技術，生活文化の自発的な移入が行われました。このように和人社会自体が西洋世界の影響を受け，めまぐるしく変化していった状況において，政府がアイヌに押しつけた同化政策とアイヌが自覚的に行った近代化の判別は，物事の表面を見るだけでは困難です。この時代を生きたアイヌ自身が何を考え，主張し，行動したかをたどることによって，この問題を考える必要があるのです。

　具体的な近代アイヌの軌跡をたどる前に，まず言葉と概念の整理をしたいと思います。ひとつの社会の内部で異文化接触が起きた結果，引き起こされる言語・文化の変化を表す概念には大きく分けて，同化（assimilation）と文化変容（acculturation）のふたつがあります。同化とは政治的少数派が政治的多数派の影響下においてもともとの言語・文化を失った結果，両者の区別がなくなってしまう現象，つまり政治的少数派が民族・社会集団として消滅することを指します。一方，文化変容は，政治的少数派は多数派主導の社会に適応するため言語・文化などを変化させますが，自文化やアイデンティティ[1]を何らかの形で継承し，民族としての連続性を維持します（Teske, Jr. and Nelson 1974）。つまり，特定の社会集団が言語・文化の変化によって消滅するのが同化，変化してなおアイデンティティが維持されているならば文化変容，ということです。この章では，政府の同化政策および和人入植者の有形無形の圧力の下，アイヌは同化させられたのではなく，生存のために文化変容を行ったのだということを示していきたいと思います。

（2） アイヌは自分たちの歴史をどう見たのか

●

荒井源次郎『アイヌ人物伝』（1992年）はアイヌ自身が後世に記憶すべきアイヌの人物とその事績をまとめた本です。荒井源次郎[2]は旭川出身のアイヌで，前章で取り上げた近文のアイヌ給与地問題をはじめ，様々なアイヌの権利回復運動に携わり，多くの著作を残しました。この『アイヌ人物伝』に取り上げられたアイヌの人物の事績を見ると，人物を評価する理由には以下のような特徴があります。

① 和人の理不尽な要求や差別的待遇に毅然と抗議しアイヌ社会のためにつくした人物：クチンコレ，砂沢市太郎，砂沢ペラモンコロなど。

② 北海道の開拓事業に貢献した人物：太田モンテレケ，川村カネトカイヌなど。

③ 農業・酪農・林業・漁業などに携わった実業家：佐々木飛吉，中里徳太郎，鹿川利助，佐茂菊蔵，小川佐助など。

④ アイヌの生活改善・復権運動に取り組んだ人物：伏根弘三，向井山雄，吉田菊太郎など。

⑤ 文化人，学者，教育者：バチェラー八重子，違星北斗，知里真志保，森竹竹市，武隈徳三郎など。

⑥ アイヌ伝統文化の継承・記録に取り組んだ人物：知里幸恵，金成マツ，

※1　自分が自分らしいと思えること。

※2　1900（明治33）〜1991（平成3）年。

杉村キナラブックなど。

　興味深いのは，このうち②〜⑤がアイヌの伝統的生活の維持ではなく変化を肯定するものである点です。しばしば，アイヌの「誇り」とは，和人に抵抗し，伝統を守り抜くことにあると考えられがちです。このような立場に立てば，伝統生活を捨てることは即和人社会への同化ということになります。けれでも『アイヌ人物伝』を見る限り，それは和人的もしくは短絡的な先入観に過ぎないことがわかります。また，①と②の関係も見逃せません。北海道開拓に伴って発生した理不尽な和人の要求や法制度に対しては断固として闘うべきだと考えられている一方，アイヌの北海道開拓事業への貢献は評価されています。これは「北海道開拓」に関する和人的歴史観への異議といえるかもしれません。開拓事業へのアイヌの貢献を忘れ，和人のみの業績として記憶するような歴史認識のあり方が問題視されているといえます。北海道内陸部の測量などには，北海道の地形を熟知しているアイヌが多数雇われていましたし，初期入植者の生活をアイヌが助けたエピソードは各地で聞かれます（小川1997：53，瀧口2013：42）。しかし，このようなアイヌの協力や貢献は北海道史の中にはほとんど記されません。そして何よりも重要なのは，不当・不正な扱いに対する抵抗，生活スタイルの変化，伝統文化の継承という三要素が互いに否定し合うことなく，いずれも近代アイヌの歴史的業績として記念されている点です。むしろ，これらの組み合わせこそが近代アイヌの特徴であるともいえるのです。

　近代におけるアイヌの生活の変化は，しばしば政府による同化政策の結果である，といわれます。事実，これまで見てきたように，日本政府は北海道の領有以降，アイヌの文化・慣習を尊重せず，和人への同化を促進する政策の数々を実施しました。また公用語が日本語となったために，日本語を使用しなければ

生活に支障をきたすという現実的な生存問題が生じたこと，増加する和人入植者によるアイヌへの蔑視によって，アイヌの伝統文化に対する誇りや愛着が失われていったことなど，アイヌが日本語を使用し，生活スタイルを変えた背景には，周囲を取り巻く和人社会の有形無形の圧力というものが確かにありました。しかしながら，もし，アイヌの言語・文化の変化が単に和人の圧力の下で起きた受動的な結果に過ぎないとすれば，『アイヌ人物伝』で取り上げられた多くのアイヌは，和人の圧力に屈した人々の群ということになってしまいます。そうではなく，アイヌの近代史を担ったこれらの人物の業績の上に今日のアイヌがあることを荒井源次郎は後世に伝えようとしたのです。

　近代における物質生活の変化，生業の変化は，当時，世界規模で起きた現象のひとつであり，アイヌの場合は日本による北海道の植民地化を契機に加速しましたが，先に述べたとおり，それは同化というよりは和人社会も等しく経験したグローバル化という現象でした。したがって，表面的な生活スタイルの変化自体は，民族としての存続の有無の判定基準にはなりません。一方で，先住民と呼ばれる人々が経験した変化の中には，一般にエスニシティの根幹とされる言語，信仰の変化や血筋の問題などが含まれることがしばしばあります。今日，日常語として先祖の言葉を使用していない先住民は多数あります。先住民の地は移住植民地となり，かつ今日，多民族の国家である地域が多いため，先住民と多様な移住者との通婚関係が進行しています。そのような中で，世界各地の先住民社会が存続し続けてきた経緯は，民族，地域，支配国家との関係によって多様ですが，いずれもが，支配国家によって言語・文化もしくは存在そのものを否定された経験を持っています。先住民とは，いわば，多数派民族が民族的アイデンティティの拠り所とするような諸要素を維持しようとすれば生存が脅かされ

る状況におかれた人々なのです。その結果，多くの先住民は一般に民族の指標とされるような特徴を消し去り，支配民族が想定しないやり方で民族的アイデンティティを継承してきました。この点で，アイヌは典型的な先住民としての歩みを続けてきました。以下では，言語の転換，血筋の問題に焦点をあて，アイヌがどのように変化と向き合い，アイヌとしてのアイデンティティを継承してきたかを見てみましょう。

（3）　アイヌは「言葉」にどう向き合ったか

●

　言語は，単にコミュニケーションの道具というだけでなく，民族の精神文化の源と位置づけられ，先祖の言語を失うことは，民族としてのアイデンティティの根幹を失うに等しいという考え方もあります。戦前の日本帝国の植民地においては日本語教育・日本語の公用語化が行われましたが，それは日本語教育が植民地人の同化を進める上で中心的役割を果たすと考えられていたためです。日本語を通して植民地人に日本精神を植えつけることができると考えていたのです。このような考え方に基づけば，先祖の言葉を失い，日本語を母語とする現在のアイヌは，日本精神を身に着けた代償として，アイヌの精神を失った存在であり，もはやアイヌではない，ということになります。しかしながら，矢内原忠雄[※3]（1963 [1948]：304）は，フランス植民地やイギリスに併合されたアイルランドにおいて，本国の言語の使用が進んでも，植民地人の精神の同化は一向に進まなかったとして，言語政策を通して同化が達成できるという考え方自体が根拠薄弱であると指摘しています。日本語を身に着けたアイヌ，日本語を

母語とするアイヌは，本当にもはやアイヌとはいえないのでしょうか。ここではまず，アイヌが日本語教育をどのように受容したかを確認したいと思います。

　アイヌはもともとアイヌ語を話し，日本領化以前には文字を使用せず，あらゆる知識や技術を口頭伝承によって継承してきました。明治に入り，北海道の日本領化とともに公用語は日本語となり，アイヌには日本語の使用が奨励されました。アイヌ語は文法的にも，系統的にも日本語とは全く異なる言語なので，日本語への転換は決して容易なことではありませんでしたが，旧土人保護法が施行され学校教育が本格化した明治30年代前後を境に，日本語を母語とするアイヌが増えていきました。このような変化を単なる政策の「成果」とみなすのは適切ではありません。アイヌの母語の転換はどのような思いを背景に行われたのか，考慮する必要があります。

　明治初期には，アイヌの公教育は開拓使が東京に開いた開拓使仮学校に1872（明治5）年，36名のアイヌを入学させるなどの試みが行われたものの，軌道には乗りませんでした。1880年代までに，北海道のいくつかの地域では，主に官吏や和人入植者によって学校が設置され，和人とアイヌの子弟が通うようになりました。いくつかのケースでは学校設置に際し，アイヌが寄付金を寄せています。1890年代になると，アイヌによる学校設置の動きも見られるようになります（小川1997：162-163，江賀1986：113，貝澤1993，山本1985：70-71）。この時期は，前章で見たように，和人入植者が急増し，政府の政策や和人入植者の動きによってアイヌの土地財産が脅かされ，貧困が深刻化した時期で

※3　1893（明治26）～1961（昭和36）年，愛媛県今治市出身。経済学者。1923（大正12）年，東京帝国大学教授に就任し，植民政策学を担当。1937（昭和12）年，日中戦争批判を理由に失職。戦後，1945（昭和20）年，同大学教授に復帰。

図16　外国人による教育　函館アイヌ学校（1897年頃）。前から2列目左から二人目は金成マツ。この学校でローマ字筆記を身に着けたマツは，後に約160冊のノートにアイヌ口承文学を筆録した。

もありました。教育は，アイヌが和人に負けずに生きていくための手段と期待され，そのためにアイヌの教育への関心は高まっていったのです。

　一方，入植者の増加に伴うアイヌへの蔑視や圧迫の広がりは子供の世界も同様でした。アイヌの子供たちは学校で和人の子弟によるいじめや迫害の対象となり，言葉の暴力だけでなく，物理的な暴力を振るわれることも少なくなく，次第に学校から足が遠のいていきました。経済的な事情で学校へ通わない子供も多くいました。そんな中，イギリスの宣教師たちがアイヌを対象に開いていた学校や日曜学校は，日本の学校よりもアイヌの子弟を集めることに成功していました。そこでは和人からのいじめもなく，文具なども支給され，ローマ字とアイヌ語を使用していました（小川1997：111-112）。このような外国人による教育は，アイヌの同化を目指す日本政府にとっては憂慮すべきことでした。

　アイヌの経済的困窮への対策として提起された旧土人保護法に教育関係の条

項が盛り込まれたのは，アイヌを和人入植者の圧迫から救済するためにも，外国人の影響力を遠ざけるためにも，日本人によるアイヌ教育の整備が必要と認識されたためです。旧土人保護法により，国費によるアイヌ学校の設置が決まり，さらに1901（明治34）年制定の旧土人児童教育規程によって，和人との別学が定められました（1937年の旧土人保護法改正によって別学は廃止されます）。この結果，各地にアイヌ学校が設置されました。人口の少ない集落では，ひとつの建物の中に，和人用の教室とアイヌ用の教室が設けられました。

　旧土人保護法に基づいて設置されたアイヌ学校の中には，1890年代までにアイヌが自ら設置していた教育所をもとにしたものもありました（江賀1986：113，北海道教育研究所1963：256-259）。教育を求めるアイヌの動きと政府の動きは，このように，その動機と目標を異にしながらも，現象としては手を携えて進行していったのです。同化の完了は，ひとつの民族としての消滅を意味するので，政府がアイヌ救済策として推進した同化は，最終的にはアイヌ民族の和人への吸収，一民族としての消滅という形で帰結することになります。したがって，アイヌ問題というのはそれまでの「過渡的な」政策とみなされていました（高倉1972：578-581）。一方，アイヌ社会で広がりを見せつつあった教育熱は，何よりもアイヌが和人と対等に生きていくために希求されたものでした。アイヌが将来生きのびていくための手段として教育が求められたのです。

　旧土人保護法制定以降，アイヌの就学率は飛躍的に上昇し，1910（明治43）年には9割を超え，1920年代前半には和人と同じレベルに達します（小川1997：400-401）。これを単純に旧土人保護法下の同化主義的教育の成功ととらえることはできません。先に触れたとおり，アイヌの教育への熱意は旧土人保護法施行前からすでに見られました。余市でアイヌの生活向上につくした中

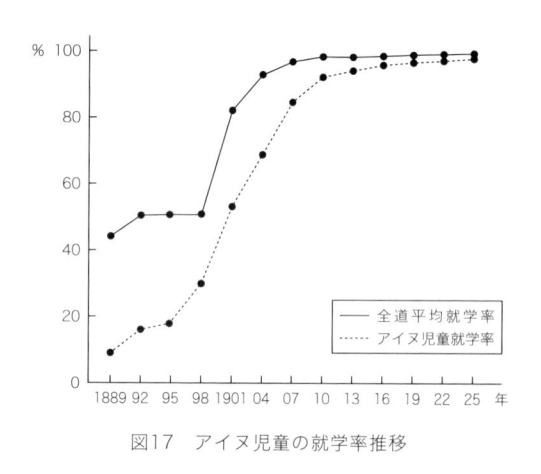

図17　アイヌ児童の就学率推移

里徳太郎[※4]は，父親が残した「学問を以つてかたきをとれ」という教えを胸に猛勉強したといわれています。中里の父は複数の和人からいわれのない暴行を受け瀕死のけがを負わされて亡くなりました。死ぬ間際，腕ずくで敵をとるのではなく，学問をして偉くなることによって父の敵をとれと息子に言い残したといわれます（違星1925）。十勝でアイヌの教育や生活改善につくした伏根弘三[※5]の息子は13歳で亡くなりましたが，生前，和人の子供たちから暴力を振るわれても，それを両親には告げず，現場に居合わせた妹に対し「私はどんなにいじめられても，一生懸命勉強してえらい人になったら，暴を以つて讎をうつのでなくて，文明の人になって復讎をする決心である」と述べていたといわれます（伏根1980［1926］：66-68）。荒井源次郎は父から「お前は学問してシサム[※6]と対決しなさい」と励まされたと回想しています（エカシとフチ編集委員会1983：37-38）。貫塩喜蔵は「（自分が）シャモ[※7]であったら頑張って勉強するって気あまりしなかったと思うんだ。アイヌであったからこそシャモに負

けるもんかとやったもんだ」と述べています（エカシとフチ編集委員会1983：322）。

　以上のような言葉から，アイヌがいかに日常的に和人の暴力と蔑視にさらされていたかがわかります。そしてアイヌにとって日本語を学び，教育を受けるということは，和人と対等に生きていくための技術の獲得にほかならなかったことがわかります。和人に同化・吸収されていくことをよしとしていたのではないことは明らかです。アイヌの母語がアイヌ語から日本語へ切り替わっていく時期も，この旧土人保護法下で公教育がアイヌに浸透していった時期とほぼ重なります。この母語の転換は，アイヌとしての消滅を意味するどころか，やがて日本語でアイヌの地位向上を訴え，和人の不正・圧迫に対して堂々と抗議を行うアイヌを生み出します（小川1997：307-315）。

　日本語の公用語化によってアイヌ語は衰退していったといわれます。確かにアイヌ語は日常語としては，この時期以降，次第に使用されなくなっていきます。ただし，忘れてはならないのは，アイヌ語の記録活動が，和人研究者のみならず，アイヌ自身の手によって精力的に行われた結果，非常に豊かなアイヌ語の記録が残されたという事実です。大正時代以降，知里幸恵[8]，金成マ

※4　1876（明治9）〜1928（昭和3）年，余市町出身。

※5　1877（明治10）〜1938（昭和13）年，帯広市出身。アイヌの教育，地位向上，生活改善などに尽力した。

※6　アイヌ語で和人を指す。真の隣人の意。

※7　アイヌ語で侮蔑的なニュアンスを込めて和人を指す言葉。

※8　1903（明治36）〜1922（大正11）年，登別市出身。金田一京助のアイヌ語研究に協力し，自らもアイヌ口承文学を筆録した。幸恵が神謡（アイヌ口承文学のジャンルのひとつ）に日本語訳を施した著書『アイヌ神謡集』（1923年）は金田一の手によって死後出版された。

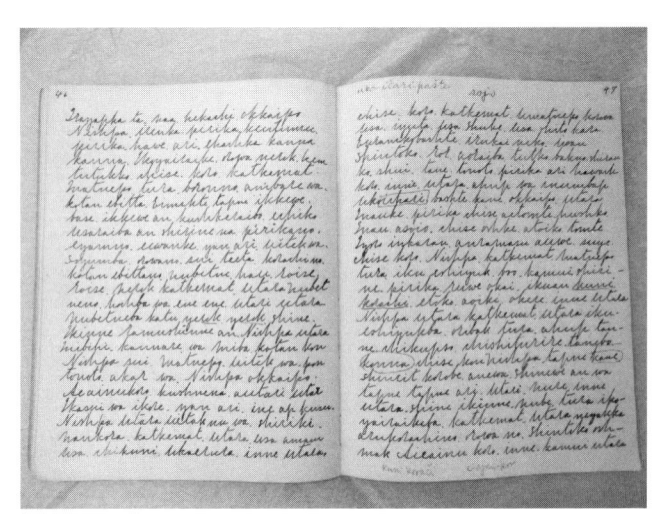

図18　金成マツ筆録のアイヌ口承文学（1940年）

ツ[9]，鍋澤元蔵[10]がローマ字やカタカナを用いて，自身や親族の伝承した口承文学のレパートリーを記録しました。戦後になると萱野茂[11]，杉村キナラブク[12]・京子[13]親子などがテープレコーダーによる音声録音を行っています。研究者の収集によらない，アイヌ自身による記録活動によって多くの資料が残されたことは極めて貴重です。アイヌは日本語を獲得することによって，アイヌ語を喪失した，とのみ考えるのは一面的な見方に過ぎません。現実的選択として日常語としては日本語を使用し，アイヌ語とアイヌ口頭伝承を後世のために残したのです。この現象はある意味で，アイヌ語を日常語として維持することが日本近代を生きたアイヌにとっていかに困難だったかを示しています。現実に日々直面する和人の蔑視や経済的困窮に対処するために，日本語の獲得が優先されたのです。しかし，そのような状況下においてもなお，アイヌは先祖の言葉を残すことを忘れませんでした。これは未来の世代に残された遺産といっ

てよいでしょう。研究が進めば，言語だけでなく，考え方や価値観などアイヌの精神文化をより豊かに復元することが可能になります。

（4）　血統とアイヌ：民族とは何だろう？

●

　アイヌについてしばしば聞かれる誤解のひとつに，今では和人との通婚が進み，もはや「純粋な」アイヌは存在しない，というものがあります。このような発言の真意はどこにあるのでしょうか。血統的に「純粋な」アイヌはもうアイヌではない，といいたいのでしょうか。確かに，アイヌと和人の通婚関係は近世から見られますし，北海道が日本領になって以降，一層進行しました。今日，ほとんどのアイヌは和人の血も引いています。ところで，今日では和人の血を引くアイヌだけでなく，アイヌの血を引く和人も数多く存在するはずですが，和人の場合は純粋でなくとも和人と呼べるのでしょうか。実のところ，このよう

※9　1875（明治8）～1961（明治36）年，登別市出身。知里幸恵の伯母で養母。金田一京助のアイヌ語研究に協力。幸恵の死後，その遺志を継ぎ，アイヌ口承文学の筆録を行い約160冊のノートを残した。

※10　1886（明治19）～1967（昭和42）年，平取町出身。金田一京助のアイヌ語研究に協力。アイヌ口頭伝承を筆録。

※11　1926（大正15）～2006（平成18）年，平取町出身。アイヌの民具収集や口頭伝承の記録，アイヌ文化研究に携わり，多数の著書を残した。また二風谷ダム訴訟などアイヌの復権，地位向上のため活動した。1994（平成6）～1998（平成10）年にはアイヌではじめて参議院議員を務めた。

※12　1888（明治21）～1974（昭和49）年，深川市出身。アイヌ口承文学伝承者。

※13　1926（大正15）～2003（平成15）年，旭川出身。アイヌ文化伝承者。キナラブクの娘。

な議論は前提そのものに問題があります。そもそもアイヌに限らず，民族とは血筋の純血性によって成立しているものではありません。以下では民族と血筋の関係，さらに民族と国家の関係について考えたいと思います。

　まず確認しておきたいのは，今日，私たちがどこに帰属しているのか（どの社会に属しているのか），という問題には複数のレベルがあるということです。たとえば，自分がどの国に属しているか（国籍）ということと，どの民族に属しているか（民族的帰属，エスニシティ）ということは二者択一でも二律背反（にりつはいはん）的な問題でもなく，重層的に両立する事柄なのです。たとえば，アメリカのアラスカ州南東部の先住民であるトリンギットという部族に属する人々は，民族的帰属はトリンギットで，国籍はアメリカ人です。ニュージーランドの先住民マオリはニュージーランド国民です。日本人の大半を占めるのは和人（ヤマト民族）ですが，和人の場合，国籍は日本人，民族的帰属はヤマト民族，ということになります。とはいえ，多くの日本人は，自分がヤマト民族かどうかなどと考えたこともないでしょう。それはヤマト民族が日本国内において圧倒的マジョリティであるがゆえに，民族的帰属を普段意識しなくても生活できる環境にあるためです。そのために多くの日本人は日本人という言葉を，国籍と民族的帰属という異なるレベルを混同した概念として使用しがちです。明治期以降，アイヌは日本国民となったので，民族的帰属はアイヌ，国籍は日本人です。日本人の中にアイヌや和人がいるのです。

　一般に，民族の別は，異なる文化を持つ集団が様々なレベルの交流を通して自他意識を育み，相互に影響を与え合いながらも互いの差異を維持・管理することによって生まれると考えられています。民族とは外部世界からの孤立ではなく，外部との交流によって成立するものなのです（バルト1996［1969］）。

中でもアイヌを含め先住民と呼ばれる人々は，父祖の地が異民族によって移住植民地とされた人々なので，支配民族や支配民族によって労働力として送り込まれた人々との間に多様な通婚関係が進行するのが普通です。それでもなお，世界の歴史が証明してきたことは，数多くの先住民社会が，多様な血筋を受け入れつつも存続している，ということです。

　アイヌと和人の間に生まれた子供は当然，日本国籍を持つ日本人です。しかし，民族的帰属については育った環境やそれぞれの意思・選択によります。アイヌの血を引いていても，和人として生きる人もいます。和人の血を引いていてもアイヌとして生きる人もいます。また，アイヌの血を一切引いていなくともアイヌとして生きた人々もいます。これは北海道特有の歴史的事情があってのことです。開拓時代以降，20世紀に入ってからも，和人入植者の中には生活

「ご両親などにアイヌの血を引く方はいますか。」　　　　　　　　　　　　　　　（人，%）

区　　　分		2013年調査実数	総　数 (586人)	30歳未満 (84人)	30歳代 (61人)	40歳代 (104人)	50歳代 (118人)	60歳以上 (209人)	不　詳 (10人)
親		386	65.9	70.2	73.8	67.3	58.5	66.0	50.0
	父のみ	156	26.6	44.0	27.9	38.5	18.6	19.1	0.0
	母のみ	121	20.6	14.3	31.1	17.3	18.6	23.0	20.0
	両親	109	18.6	11.9	14.8	11.5	21.2	23.9	30.0
養父母		15	2.6	1.2	1.6	3.8	2.5	2.9	0.0
	養父のみ	10	1.7	1.2	0.0	3.8	1.7	1.4	0.0
	養母のみ	1	0.2	0.0	0.0	0.0	0.8	0.0	0.0
	両養父母	4	0.7	0.0	1.6	0.0	0.0	1.4	0.0
配偶者		105	17.9	4.8	19.7	14.4	20.3	23.9	0.0
いない		28	4.8	0.0	3.3	5.8	8.5	4.3	10.0
わからない		63	10.8	19.0	4.9	11.5	12.7	7.7	10.0

＊複数回答
＊「いない」は，アイヌである配偶者の死亡・離婚後に子供を養育している場合など

図19　血縁に関するアンケート結果（2013年）

に困って子供を育てられなくなる人々が多数いました。そのような家庭の子供たちをアイヌは養子として引き取って育てました。アイヌの家庭で育てられた和人の養子は5000～6000人に上るといわれています[14]。アイヌに育てられた和人の子の中には，和人として生きることを選択した人々もいますが，アイヌ語やアイヌ文化を身に着け，アイヌとして生きることを選択した人々が少なくありません（エカシとフチ編集委員会1983：112-122，茅辺1984，新井2017）。中にはアイヌの配偶者と一緒になり，アイヌの家系をつないだ人々もいます（貝澤1993，茅辺1984，新井2017）。また，多くのアイヌが自らの先祖に和人が含まれることを知りながら，また場合によっては両親のいずれかが和人であってもなお，アイヌとして育ち，生きることを自然に，もしくは自覚的に選択しています（貝澤1993，砂沢1983，新井2017）。このように，今日のアイヌはアイヌと和人の両方の血を引いていますが，それは和人のアイヌへの同化という現象も含んでいることを忘れてはいけません。

　同化という問題が議論される際，アイヌの和人への同化にばかり関心が集中し，アイヌの民族としての存在の是非とかかわって議論されがちですが，個人レベルの血統的な意味での同化現象は双方向的に，つまり和人のアイヌへの同化も伴いながら起きていたという事実をきちんと認識すべきでしょう。このような双方向的な同化現象ゆえに，通婚関係が進んでもアイヌと和人というカテゴリーは存続してきたのです。

　民族の境界というのは，血統の純血性を管理することによって維持されているのではありません。民族的帰属にとって血筋が重要なことは間違いありませんが，それが唯一の決定的要素というわけでもないのです。多くの民族は，異なる民族と通婚，養子縁組を行っています。大抵の場合，それによって特定の民族

が消滅することにはなりません。どんなに人口の小規模な社会であっても，です。たとえばアラスカ先住民のアリュート[15]は，ロシア帝国時代にロシア人との戦争や虐殺，伝染病などによって人口の9割を失ったといわれています。18世紀半ばの人口は推定1万5000人でしたが，ロシア人との接触直後には1500人に減少したといわれます（スチュアート2005：265）。その後，ロシア人との通婚が進み，アラスカがアメリカ領になってからもスカンディナヴィア移民[16]などとの通婚が進んで，今日のアリュートは血筋的には複数のルーツを持っているのが普通です（Reedy-Maschner 2010:57）。2000年にはアリュートの人口は1万7000人にまで回復しています（スチュアート2005：265）。

　アイヌと和人は長期にわたる交流の中で，互いに異なる民族として自己を確立していきました。しかしながら，明治に入りアイヌが日本国家に帰属するようになると，少数派のアイヌは和人との通婚によって同化し消滅するだろう，もしくはそうなるべきだ，という考え方が和人社会に広まりました。実際には，先ほど述べたとおり個人レベルの同化は双方向的に発生してきましたし，それによってアイヌも和人も民族として存続してきました。しかも統計上のアイヌ人口は明治期以降増加傾向にありました（北海道1980：769）。それでもなお，和人の間では，アイヌはやがて一方的に和人へ同化され，民族として滅亡する

※14『北海道新聞』1987（昭和62）年3月4日付夕刊。

※15 アメリカ，アラスカ州の先住民。もともとはアリューシャン列島に暮らしていたが，第二次世界大戦中，日本との戦争のためアメリカ政府によってアラスカ本土へ移住させられたため，今日のアリュートが住む地域はアラスカ半島およびその周辺となっている。

※16 1870年代以降，ヨーロッパ北部のスカンディナヴィアからラッコ猟や漁業を目的とした移民がアラスカに定住するようになった。ラッコ猟の権利はアラスカ先住民にしか与えられていなかったため，アリュートとの通婚が進んだ（Reedy-Maschner 2010：57）。

だろうという認識が明治期以降ごく最近まで流布してきたのです。

　このような「アイヌ滅亡論」は，人類学的なふたつの考え方によって支えられていました。社会進化論と混合民族論です。当時，社会進化論という考え方が世界的に隆盛し，日本にも影響を与えていました。それは，人間にはあらかじめ優劣があり，劣った社会が文明的に優れた社会によって淘汰<ruby>淘汰<rt>とうた</rt></ruby>されていくのは自然の摂理<ruby>摂理<rt>せつり</rt></ruby>である，という考え方です。人種・民族差別的なこの考え方は今日ではすでに否定されています。しかし，このような考え方によって西洋の帝国主義国による非西洋世界の植民地化が正当化されていました。和人の研究者たちは，この考え方を日本にもあてはめ，アイヌを劣った民族とみなして，アイヌはより優れた和人社会によって淘汰されるものと考えました。一方，混合民族論は明治期から昭和戦前期の日本で主流を占めた日本人論です。ヤマト民族はもともと複数の民族が混血した「混合民族」であり，したがって新しく日本領となった地域の住民は日本の精神を身に着け，ヤマト民族との混血が進むにしたがい，より優れたヤマト民族へ同化するのだ，という考え方です（小熊1995）。実際には和人のアイヌへの同化という現象も見られたのにもかかわらず，アイヌと和人の通婚によって，アイヌの方が一方的に和人へ同化し，アイヌという固有の民族は消滅する，と考えられていたのはそのためです。

　このような言論の圧力はすさまじいものがありました。アイヌは圧倒的多数派を形成する和人による「アイヌ滅亡論」に取り囲まれながら，日本においてアイヌとして生きるということについて考えざるを得ませんでした。

（5） アイヌ・アイデンティティの発明

●

　大正から昭和戦前期には，日本語を身に着けたアイヌによる言論活動が活発化していきます。集会や講演会，新聞への投書や著作の出版などを通して，アイヌの生活・教育の向上，差別撤廃，権利回復などが訴えられました。その中で，和人による「アイヌ滅亡論」に対する異議も唱えられました。アイヌによって展開されたアイヌ非滅亡論の多くは「同化」や和人との通婚の進行を肯定しながら，アイヌの風貌が変化してもアイヌは決して滅亡することはない，と主張しました。たとえば，アイヌの詩人，森竹竹市[17]は「アイヌの血」（1937年）の中で次のように詩っています（森竹1977）。

　　　雑婚──／混血──／同化──／これをしも滅亡と云ふなら／私は民族の滅亡の／一日も早からん事を希ふ（中略）しかし──アイヌの風貌が／現世から没しても／其の血は！／永遠に流るるのだ／日本人の体内に

　アイヌの復権運動を担った人々の日本語によるこのような言論は，不用意に読むと，アイヌ自ら和人への同化吸収を肯定しているものと勘違いされかねない危険性があります。しかしながら，本来，同化が固有の民族としての消滅を意味することを考えれば，そもそも「同化」を肯定しつつ，アイヌが滅亡しない，

---

[17]　1902（明治35）～1976（昭和51）年，白老町出身。詩人。1946（昭和21）年，北海道アイヌ協会設立に携わる。1960年代以降はアイヌへの正しい理解を促すため観光業にも携わる。1967（昭和42）～1970（昭和45）年，白老民俗資料館（後のアイヌ民族博物館）館長。

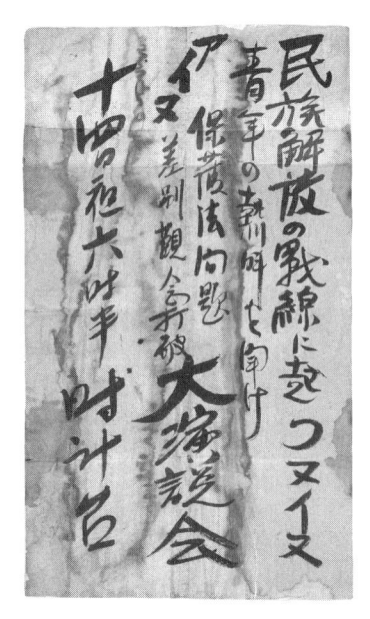

図20　アイヌによる演説会のポスター　1930年12月14日，札幌で開催された砂沢市太郎らによる演説会のものと考えられる。

図21　森竹竹市（後列右から3人目）と喜田貞吉（前列右から2人目）　年代不詳。

というのは矛盾します。アイヌの主張を注意深く読むと，和人がアイヌに押しつける同化論の矛盾を巧みにつきながら，アイヌの存在を主張しようとしていることがわかります。

　同化には物質文化的プロセスと生物学的プロセスがありますが，物質文化の変化は民族の存亡とかかわりのない問題であり，むしろ自ら積極的に改革を行うことが民族の存続のために必要であることは，明治維新以降のヤマト民族自身の歴史がすでに示していることです。一方，生物学的同化を説明する混合民族論は，民族の根拠は血統の純血性にあるのではない，という考え方です。混合民族論は当時アイヌの間でもよく知られていました。森竹竹市は戦前の混合民族論の最大のイデオローグといわれる喜田貞吉[18]と親交がありましたし，他のアイヌの論客たちもしばしばヤマト民族が複数の民族的ルーツを持つ混合民族であるという説に言及しています（吉田1994 [1931]：132，川村1998 [1934]：397-398）。喜田貞吉は，和人との通婚の末，アイヌは消えて和人に同化吸収されると考えていましたが，アイヌの論客たちは，アイヌは滅びないと考えました。異民族との混血を重ねても和人が和人であり続けられるならば，アイヌも同じように和人との通婚が進んでもアイヌであり続けることができるはずです。以上のように，アイヌは，ヤマト民族が歴史的に存続してきたのと同じ理由で，今後も存続していくのだと主張したのです。

　アイヌの歌人，違星北斗[19]はアイヌの外形的な変化と民族としての存続の問

※18 1871（明治4）〜1939（昭和14）年，徳島県出身。歴史学者。被差別部落，アイヌ，朝鮮などに関し，差別問題の解消を動機として幅広い研究を残した。

※19 1902（明治35）〜1929（昭和4）年，余市町出身。歌人。北海道各地を回りアイヌの地位向上を目指す活動に携わった。

図22　違星北斗

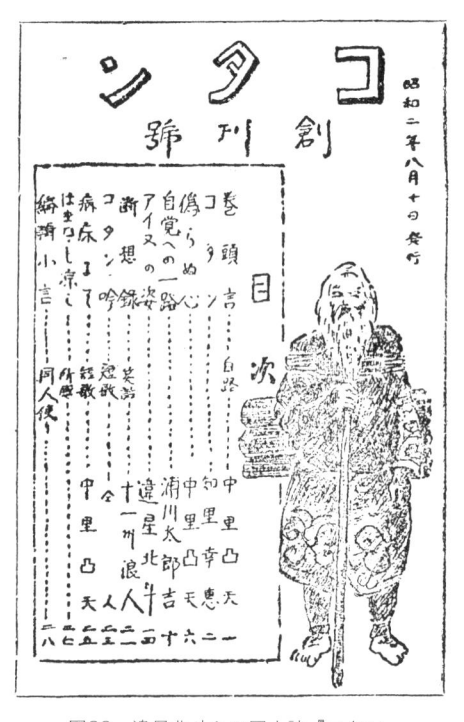

図23　違星北斗らの同人誌『コタン』

　題をさらに注意深く言語化しました。北斗はアイヌの変化を，シャモ化と自覚的同化という異なるふたつの概念でとらえ，目指すべきは後者であると主張しました（違星1995［1927］）。北斗は，差別を逃れるためにアイヌであることを隠し，和人のふりをして生きること，つまりアイヌをやめることをシャモ化と呼びました。一方，自覚的同化は，アイヌであることを自覚し，近代人として自己変革を行うことを指します。つまり，シャモ化とは今日的な概念でいう同化であり，自覚的同化は文化変容ということになります。

　北斗はさらに，日本人と和人を異なる概念としてとらえ直しました（モーリ

ス=鈴木2000：175-176)。日本人を日本国家に帰属する人々を指すものとし，和人を民族概念として考えたのです。つまり現代でいう国籍と民族的帰属という概念の区別を行ったのです。そうすることによって，日本人かつ和人，日本人かつアイヌという存在のあり方が認識可能になります。北斗は戦前の日本帝国を多民族国家ととらえ，その下で和人も朝鮮人もアイヌも平等に暮らすことのできる社会を理想としました（違星1995［1927］）。北斗の生きた時代には，文化変容，エスニシティ，多民族国家といった概念も考え方も価値観もまだ生まれていませんでした。北斗は，「支配者の言語」である日本語を使い，日本語の既存の語彙を用いながら，当時，日本にまだ存在していなかった概念，文化変容やエスニシティに相当する概念を生み出したのです。そうすることによって日本という国にアイヌがアイヌのままで存在し得る道を切り開こうとしたのです。

　生活スタイルを近代化させ，日本語を話すアイヌは，しかしながら，和人の目にはアイヌと映らず，昔ながらのアイヌの減少はアイヌの衰退・人口減少と錯覚されることになります。貝澤藤蔵[20]は，洋服を着，日本語を話す彼をアイヌと認識できない内地からの観光客から「アイヌに日本語がわかりますか，何を食べておりますか」といった不躾な質問を受けた経験を著書「アイヌの叫び」に記しています（貝澤1998［1931］：375）。近代化したアイヌがアイヌとみなされなかったり，同化の完了と認識されたりすることは，多くのアイヌにとっては不本意なことでした。貝澤藤蔵は，このような和人の無理解を克服するには，アイヌの歴史的理解が必要であると感じました。このような意識は，戦後一

---

[20] 1888（明治21）〜1966（昭和41）年，平取町出身。白老に移住し，観光業に携わった。

図24　貝澤藤蔵

層高まり，アイヌ自身による歴史叙述(じょじゅつ)が試みられるようになります（坂田 2016b）。これらは専門的な歴史書ではありませんが，アイヌ自身の手でアイヌの過去から現在の歩みをまとめようという意識の表れとして重要です。そのひとつが先に取り上げた荒井源次郎の『アイヌ人物伝』（1992年）です。このほか，貝澤正(かいざわただし)※21は平取町(びらとりちょう)二風谷(にぶたに)の住民への聞き取りを行って『二風谷』（1983年）をまとめました。二風谷は今日なお，アイヌ人口が和人人口を上回る数少ない地域です。同書には二風谷に暮らす110の普通の家族の家族史がおさめられています。さらに貝澤は自身と一族の歴史を『アイヌ　わが人生』（1993年）に

まとめました。

　これらに共通するのは，普通の人々の人生を，ひとつの統一された物語にまとめ上げるのではなく，列挙する形をとっているという点です。一見，散漫に見えますが，これによって，日本領北海道という状況に否応なく投げ込まれた普通の人々の一人一人が，もがき，試行錯誤しつつ生きた多くの人生と長い歳月の上に，今日のアイヌがあるのだ，ということがよくわかります。伝統文化に背を向け近代化を目指した人々，先祖の言葉や文化を残し，継承しようと模索した人々，アイヌの地位向上を目指して格闘した人々，生きるために懸命に働き続けた人々，淡々と「普通の」人生を生きようとした人々，それぞれの選択と人生のすべてが今日のアイヌへとつながっているのです。

※21 1912（大正元）〜1992（平成4）年，平取町出身。1967（昭和42）〜1975（昭和50）年平取町議会議員。1972（昭和47）年北海道ウタリ協会（現北海道アイヌ協会）副理事長就任。アイヌの地位向上に生涯取り組んだ。

おわりに

アイヌは日本列島北部周辺の先住民である，と最初に述べました。先住民とは，先祖の土地が現在の国家によって植民地化された者たちの子孫である，とも述べました。とはいえ，多くの日本人にとって，北海道が植民地だったというのはあまりピンとこない話ではないでしょうか。その理由としては，18世紀後半に始まる蝦夷地・北海道の領有化が，アイヌは日本の支配下にある民族である，したがって蝦夷地は日本の支配下にある，というイデオロギーの下で行われたこと，明治後半に北海道の内地編入が完了し，以来，本国の一部となったことなどが挙げられます。つまり，和人にとって，北海道は最初から日本のものであった，という認識が強くあるのです。しかしながら，アイヌにとって北海道は本来アイヌ・モシㇼ（アイヌの大地）であり，19世紀に国際法上の「無主地」とされて，アイヌの頭越しに日本とロシアの間で主権の範囲が決定されてしまったのです。以来，アイヌは先住民となりました。

　一般に北海道開拓と呼ばれている事業は，アイヌ・モシㇼを日本領北海道へつくり変えるプロジェクトでした。自国民の定住と土地の有効利用が，当時の国際法上，領有権の安定のために必要だったため，和人の移住と耕作が奨励され，アイヌは生活の場と手段を奪われていきました。アイヌの生活スタイルの近代化，日本語の獲得は，アイヌが法制度によって貧困に追い込まれ，和人社会による蔑視や暴力にさらされる中，血のにじむ努力をして獲得していったものでした。それは何よりもアイヌの生活，地位の向上をかけて行われたのであり，アイヌの和人への同化吸収が目指されたのでは決してありません。近代にアイヌに起きた変化を，同化政策の受動的結果とみなすのは正確ではありません。同化政策の究極目標がアイヌの固有の民族としての消滅であったことを考えれば，それは見事に失敗したといわざるを得ません。日本語教育を受け，日本語を母語

とする世代は，政府の予想に反して，日本人であるアイヌとして，アイヌの尊厳の回復を訴えるようになり，その精神は今日のアイヌにも受け継がれています。

先住民とは，政治的多数派が民族の証<ruby>証<rt>あかし</rt></ruby>とする要素を，生存のために捨てざるを得なかった人々です。生きのびるために多くの犠牲を払ってきた人々です。その歴史に敬意を払わず，多数派の尺度をあてはめて，あなたは固有の言語も文化も信仰も失っているので，もはや民族としては存在しません，というのはあまりに理不尽ではないでしょうか。本来，何よりも大切だったはずのものを捨てる選択をしなければ生存が脅かされるような状況をつくったのは，国家と多数派社会なのですから。

先住民の歴史を眺めて驚かされるのは，いずれももともと人口数万の小さな社会集団が，圧倒的な武力と経済力を持つ現在の支配国家の統治下に入り，多種多様な制度的圧迫や，物理的・精神的暴力にさらされ，いずれも支配民族から早晩滅びると予測されながらも，その予想を大きく裏切り，今日，先住民としての復権を進めている，という点です。このような世界の先住民が共通して持つ逞しさ<ruby>逞<rt>たくま</rt></ruby>，忍耐，柔軟性を日本のアイヌも備えています。各国の先住民の経験した歴史と比較したとき，アイヌのたどった歴史と選択は，帝国主義時代の先住民に共通する経験と選択であったことがわかります。

世界の現況を見てみると，個人が先住民のメンバーとして承認されるための条件は，各先住民社会により様々です。それは各国における先住民の立場，先住民政策，支配民族と先住民との歴史的関係などが多様であるためです。したがって，2007年に国連で採択された先住民族の権利宣言においては，先住民とはどのような人々を指すのか，という一般的定義を行わず，誰を先住民として認めるかは個々の先住民社会が決めるべきことであるとしています。支配国家・支

配民族が，誰が先住民であり，誰が先住民でないかを決めるべきではないといういうことです。

　今日，北海道の博物館に行けばアイヌの伝統的な衣装や装飾品，道具類が展示されており，萱葺の家屋を見ることができる施設もあります。一方で現在，伝統文化の継承・復興活動に携わっているアイヌは，全体のごく一部です（小内 2010：102）。ただし，それはアイヌにとって伝統文化が重要ではないということを意味しているのではありません。この点では和人も同様ではないでしょうか。普段から和服を着ている人はごくわずかですし，伝統文化の継承に携わっている人々も全体のごく一部に過ぎません。かつてのアイヌ文化を知り，尊重することはもちろん大切なことです。けれども，博物館で紹介されている「伝統的な」アイヌ文化のみによってアイヌのイメージを固定させてしまうと，現実に我々の隣で生きている実際のアイヌの存在やその痛みには気づきにくくなってしまいます。

　近代以降，アイヌと和人の外見的な差異は縮小していきました。しかしながら，アイヌの現在の生活が，表面的にはいかに和人と似たようなものに見えたとしても，その意味と背景は全く異なります。かつてのアイヌの生活が，近代にどのような経緯で変化し，現在に至っているのか，物事の表面だけでなく，近代を生きたアイヌ個々人の思いにも関心を向けることで，変化の意味の重さを思いやることができるのではないでしょうか。アイヌが，日本国家や和人との関係をどのように生きてきたか，歴史を知ることこそ，今日の日本に生きるアイヌを尊重することにつながります。そのような積み重ねが，より多くの人が民族的出自を隠さずに生きることのできる寛容な社会を築く一歩になるのではないでしょうか。

参照文献

アイヌ政策のあり方に関する有識者懇談会編2009『報告書』。

アイヌ民族博物館監修2018『増補・改訂アイヌ文化の基礎知識』草風館。

秋月俊幸1994『日露関係とサハリン島：幕末明治初年の領土問題』筑摩書房。

―――　2014『千島列島をめぐる日本とロシア』北海道大学出版会

秋野茂樹2006「江戸期におけるアイヌの霊送り儀礼：和人が記した記録からその様相を見る」『環太平洋・アイヌ文化研究』5。

浅倉有子1999『北方史と近世社会』清文堂出版。

旭川市史編集会議編2006『新旭川市史』3，旭川市。

―――　　　　　　　　2009『新旭川市史』4，旭川市。

新井かおり2017「アイヌ近現代史の諸断層：貝沢正の未発表原稿に見る幼年期の記憶を中心に」『語りの地平　ライフストーリー研究』2。

荒井源次郎1992『荒井源次郎遺稿　アイヌ人物伝』私家版。

生田美智子2008『外交儀礼から見た幕末日露文化交流史：描かれた相互イメージ・表象』ミネルヴァ書房。

石狩川中流域研究会編・発行1999『石狩川中流域の生活文化史』

伊東正三ca. 1898-1899「北海道旧土人保護論」小川正人・山田伸一編『アイヌ民族近代の記録』草風館，1998年。

井上勝生1999「『北海道土人陳述書』：アイヌ陳述に対する北海道庁弁明書（1895年）」『北海道立アイヌ民族文化研究センター研究紀要』5。

違星北斗1925「ウタリ・クスの先覚者中里徳太郎氏を偲びて」『沖縄教育』146。

―――　1995（1927）「アイヌの姿」『違星北斗遺稿　コタン』草風館，110〜116頁。

岩﨑奈緒子2015「世界認識の転換」『岩波講座日本歴史』13，岩波書店。

江賀寅蔵1986『江賀寅蔵遺稿　アイヌ伝道者の生涯』北海道出版企画センター。

エカシとフチ編集委員会編1983『エカシとフチ：北の島に生きたひとびとの記録』札幌テレビ放送。

榎森進2007『アイヌ民族の歴史』草風館。

小川正人1997『近代アイヌ教育制度史研究』北海道大学図書刊行会。

小熊英二1995『単一民族神話の起源：〈日本人〉の自画像の系譜』新曜社。

小内透編2010『現代アイヌの生活と意識：2008年北海道アイヌ民族生活実態調査報告書』

　北海道大学アイヌ・先住民研究センター。

貝澤正1993『アイヌ　わが人生』岩波書店。

貝澤藤蔵1998（1931）「アイヌの叫び」小川正人・山田伸一編『アイヌ民族　近代の記録』
　草風館。

海保嶺夫，田港朝昭1976「幕藩制下の琉球と蝦夷地」『岩波講座日本歴史』11，岩波書店。

加藤規子1980「北海道三県一局時代のアイヌ政策とその実状」『北大史学』20。

加藤好男2017『19世紀後半のサッポロ・イシカリのアイヌ民族』サッポロ堂書店。

鎌田遵2009『ネイティブ・アメリカン：先住民社会の現在』岩波新書。

茅辺かのう1984『アイヌの世界に生きる』筑摩書房。

川村才登1998（1934）「―アイヌの手記」小川正人・山田伸一編『アイヌ民族　近代の記録』
　草風館。

菊池勇夫1984『幕藩体制と蝦夷地』雄山閣出版。

―――　1994『アイヌ民族と日本人：東アジアのなかの蝦夷地』朝日新聞社。

―――　1999『エトロフ島：つくられた国境』吉川弘文館。

―――　2013『アイヌと松前の政治文化論：境界と民族』校倉書房。

河野本道編1981『対アイヌ政策法規類集』北海道出版企画センター。

坂田美奈子2011『アイヌ口承文学の認識論：歴史の方法としてのアイヌ散文説話』御茶の水
　書房。

―――　2014「歴史認識のネットワーク化へ：北海道〜北東アジア〜アラスカ先住民の生
　存の三〇〇年」谷垣真理子・塩出浩和・容應萸編『変容する華南と華人ネットワークの現在』
　風響社。

―――　2016a「アイヌの世界像：アイヌ口承文学を通して」秋田茂ほか編『「世界史」の
　世界史』ミネルヴァ書房。

―――　2016b「言葉による戦：アイデンティティをかけたアイヌの長い闘い」塩出浩之
　編『公論と交際の東アジア近代』東京大学出版会。

―――　2017「アイヌ口承文学におけるウイマム概念」『歴史学研究』958。

佐々木史郎1996『北方から来た交易民：絹と毛皮とサンタン人』日本放送出版協会。

佐々木利和1990「イオマンテ考：シャモによるアイヌ文化理解の考察」『歴史学研究』613。

笹木義友1978「千歳周辺におけるアイヌ集落の移動：アイヌ系古老よりの聴取」『北海道開
　拓記念館調査報告』15。

塩出浩之2015『越境者の政治史：アジア太平洋における日本人の移民と植民』名古屋大学出版会。

志賀雪湖2003「アイヌ口承文芸における『歴史』：交易と漁場労働」『歴史評論』639。

標茶町史編纂委員会1966『標茶町史考』前篇, 標茶町。

スチュアート, ヘンリ2005「アリュート」富田虎男, スチュアート ヘンリ編『講座世界の先住民族：ファースト・ピープルズの現在』7, 明石書店。

砂沢クラ1983『ク スクップ オルシベ：私の一代の話』北海道新聞社。

関口明, 田端宏, 桑原真人, 瀧澤正編2015『アイヌ民族の歴史』山川出版社。

太寿堂鼎1998『領土帰属の国際法』東信堂。

高倉新一郎1972『新版アイヌ政策史』三一書房。

──── 1995 (1936)「江戸時代に於ける蝦夷地移民論」『高倉新一郎著作集』2, 北海道出版企画センター。

瀧口夕美2013『民族衣装を着なかったアイヌ：北の女たちから伝えられたこと』編集グループSURE。

富田虎男1990「北海道旧土人保護法とドーズ法：ジョン・バチェラー, 白仁武, パラピタ, サンロッテー」『札幌学院大学人文学会紀要』48。

二風谷部落誌編纂委員会1983『二風谷』二風谷自治会。

バートン, ブルース2000『日本の「境界」：前近代の国家・民族・文化』青木書店。

バルト, フレドリック1996 (1969)「エスニック集団の境界」青柳まちこ編・監訳『「エスニック」とは何か』新泉社。

弘谷多喜夫1985「『土人』呼称について：植民地教育研究と用語の問題」『釧路短期大学紀要』12。

藤田覚2005『近世後期政治史と対外関係』東京大学出版会。

伏根弘三1980 (1926)「アイヌ生活の変遷」『啓明会第十八回講演集 大正十五年』(河野本道編『アイヌ史資料集』第5巻言語・風俗編 (2), 北海道出版企画センター)。

麓慎一2002『近代日本とアイヌ社会』山川出版社。

北海道1980『新北海道史』9, 北海道。

北海道環境生活部2013『平成25年北海道アイヌ生活実態調査報告書』。

北海道環境生活部2017『平成29年北海道アイヌ生活実態調査報告書』。

北海道教育研究所1963『北海道教育史』全道編3, 北海道教育委員会。

松本あづさ2006「近世後期蝦夷地における異国船防備体制：「場所」構成員の編成を中心に」『史学雑誌』115（3）。

三谷博2017『維新史再考：公儀・王政から集権・脱身分化へ』NHK出版。

モーリス=鈴木，テッサ2000『辺境から眺める：アイヌが経験する近代』みすず書房。

茂木敏夫1997『変容する近代東アジアの国際秩序』山川出版社。

森竹竹市1977『レラコラチ　風のように』えぞや。

矢口祐人2002『ハワイの歴史と文化：悲劇と誇りのモザイクの中で』中公新書。

矢内原忠雄1963（1948）「帝国主義研究」『矢内原忠雄全集』4，岩波書店。

山田伸一2011『近代北海道とアイヌ民族：狩猟規制と土地問題』北海道大学出版会。

山本融定1985『日高国新冠御料牧場史』みやま書房。

吉田菊太郎1994（1931）「社会事業の対象としての蝦夷民族：何が故に特殊保護民となりし？　夫れ保護法は単に過渡期の施設のみ」『蝦夷の光』3（北海道ウタリ協会編『アイヌ史　北海道アイヌ協会北海道ウタリ協会活動史編』北海道出版企画センター）。

渡辺美季2012『近世琉球と中日関係』吉川弘文館。

Arneil, Barbara. 2017. *Domestic Colonies: The Turn Inward to Colony*. Oxford: Oxford University Press.

Axelsson, Per and Sköld, Peter eds. 2011. *Indigenous Peoples and Demography: The Complex Relation between Identity and Statistics*. New York: Berghahn Books.

Mcmullen, Ann. 2004. 'Canny about Conflict: Nativism, Revitalization, and the Invention of Tradition in Native Southeastern New England'. In Michael E. Harkin ed. *Reassessing Revitalization Movements: Perspectives from North America and the Pacific Islands*. Lincoln: University of Nebraska Press.

Sakata, Minako. 2018. 'Japan in the Eighteenth and Nineteenth Centuries'. In Clare Anderson ed. *A Global History of Convicts and Penal Colonies*. London: Bloomsbury Academic.

Teske, Jr., Raymond H. C. and Nelson, Bardin H. 1974. 'Acculturation and Assimilation: A Clarification'. *American Ethnologist*, 1(1).

Reedy-Maschner, Katherine L. 2010. *Aleut Identities: Tradition and Modernity in an Indigenous Fishery*. Montreal and Kingston: McGill-Queen's University Press.

図版出典

図1　北海道環境生活部『平成25年北海道アイヌ生活実態調査報告書』2013年，p.4より編集部作成

図2　編集部作成

図3　「正保日本図」国立歴史民俗博物館蔵

図4　大塚和義『アイヌ　海浜と水辺の民』新宿書房，1995年，p.21

図5　荒野泰典『江戸幕府と東アジア』吉川弘文館，2003年，p.161

図6　「蝦夷国風図絵」函館市中央図書館蔵

図7　白山友正『増訂　松前蝦夷地場所請負制度の研究』巌南堂書店，1971年，第7図，改変

図8　「日高アイヌ・オムシャ之図」函館市中央図書館蔵

図9　秦檍磨「蝦夷島奇観」東京国立博物館蔵　Image: TNM Image Archives

図10　イアン・バーンズほか『アジア大陸歴史地図』東洋書林，2001年，p.114～p.115

図11　「松前城下より宗谷までの絵図」北海道博物館蔵

図12　「白石村開墾図」北海道博物館蔵

図13　「新冠御料牧場2」北海道大学附属図書館蔵

図14　秦檍磨「蝦夷島奇観」東京国立博物館蔵　Image: TNM Image Archives

図15　荒井源次郎『続アイヌの叫び』北海道出版企画センター，1990年，口絵

図16　「谷地頭ネトロシップ経営アイヌ学校職員及生徒」函館市中央図書館蔵

図17　小川正人『近代アイヌ教育制度史研究』北海道大学図書刊行会，1997年，p.400

図18　「知里真志保遺稿ノート」北海道立文学館蔵

図19　北海道環境生活部『平成25年北海道アイヌ生活実態調査報告書』2013年，p.44

図20　大阪人権博物館蔵

図21　森竹竹市『今昔のアイヌ物語』北海道白老アイヌ文化保存会，1955年，口絵

図22　市立小樽文学館蔵

図23　違星北斗『違星北斗遺稿　コタン』草風館，1984年，p.96

図24　貝澤藤蔵『アイヌの叫び』「アイヌの叫び」刊行会，1931年，口絵

著 者

坂 田　美 奈 子
さかた　みなこ

1969年生。東京大学大学院総合文化研究科博士課程学位取得修了（博士［学術]）。現在，帝京大学教授。専攻はエスノヒストリー，先住民研究，北海道史。

主要著書・論文

『アイヌ口承文学の認識論：歴史の方法としてのアイヌ散文説話』（御茶の水書房，2011年）

「日本の先住民族問題における和解にむけて：アイヌ遺骨地域返還運動を事例として」外村大編『和解をめぐる市民運動の取り組み：その意義と課題』（明石書店，2022年）

'Japan in the Eighteenth and Nineteenth Centuries'. In Clare Anderson ed. *A Global History of Convicts and Penal Colonies*. London: Bloomsbury Academic, 2018.

歴史総合パートナーズ⑤

先住民アイヌはどんな歴史を歩んできたか

定価はカバーに表示

2018年 8 月21日	初 版	第 1 刷発行
2023年 3 月20日	初 版	第 3 刷発行

著 者	坂田 美奈子
発行者	野村 久一郎
印刷所	法規書籍印刷株式会社
発行所	株式会社 清水書院
	〒102−0072
	東京都千代田区飯田橋3−11−6
	電話 03−5213−7151㈹
	FAX 03−5213−7160
	https://www.shimizushoin.co.jp

カバー・本文基本デザイン／タクティクス株式会社／株式会社ベルズ
乱丁・落丁本はお取り替えします。　　　ISBN978−4−389−50088−7

歴史総合パートナーズ

以下続刊